Je hais les cœurs pusillanimes qui,
pour trop prévoir les suites des choses,
n'osent rien entreprendre...

Molière

LES
OEVVRES DE
M.^r
MOLIERE
TOME I.

F.C. fc.

LE THÉATRE ET L'AVEU

Rien de ce qui concerne le théâtre n'est resté étranger à Molière, comédien, directeur, metteur en scène et auteur. Rien de ce qui concerne Molière n'a échappé au théâtre : sa silhouette s'efface derrière ses rôles, sa vie s'est dépensée parmi les comédiens, les costumes anachroniques, et les avatars du théâtre. Et pourtant l'homme est vivant et proche. Sa vie fut une aventure émouvante et fabuleuse comme l'est l'histoire du théâtre, avec ses luttes et ses travaux, les fastes d'un règne triomphal et le retentissement que lui donna sur l'heure une renommée à laquelle l'amitié du public et la haine de la cabale ont également contribué. Tout écrivain met le meilleur de lui-même en chacun des personnages qu'il invente, non qu'il veuille faire d'eux des porte-parole, mais parce que, nés de sa fantaisie, ils prennent à des degrés divers la forme de ses chimères, la couleur de ses pensées, la chaleur de ses passions.

Mais si l'auteur n'échappe pas à ses personnages, eux-mêmes lui échappent. Au théâtre surtout, parce que les personnages dramatiques ne commencent à exister vraiment qu'en scène. La seule lecture fait d'eux des infirmes, mais la représentation les expose à toutes les trahisons des comédiens qui les incarnent. Étrange miroir, où l'auteur ne reconnaît plus sa propre image, où nous le cherchons en vain. Nous n'aurons jamais fini d'interroger Tartuffe, Don Juan, Alceste, parce que nous sentons que Molière se cache dans leur ombre, qu'il n'a pas quitté le plateau du Palais-Royal pour entrer dans la solitude marmoréenne des génies immortels, qu'il continue de respirer la poussière des coulisses et la fièvre des ultimes répétitions. A chacune des représentations nous demandons d'être plus qu'un passe-temps et qu'un cours du soir. Nous attendons que, par je ne sais quel miracle, elle nous rende la présence de Molière, corps et âme. Nous ne serons plus les témoins de Molière ; nous ne verrons plus le visage de l'homme vivre sous les grimaces du pitre. Faut-il le regretter alors que ses contemporains, Boileau, Lagrange, Donneau de Visé, Le Boulanger de Chalussay, accrédités auprès de la postérité, égarés par un excès de piété ou de malveillance, ont bien mal témoigné de lui ?

Très tôt la biographie de Molière a été escamotée derrière la légende. De Molière il ne nous reste ni manuscrits, ni correspondance. Par quel mystère les lettres d'un homme qui a pérégriné pendant des années à travers la France, qui a été en relation avec de nombreux amis et les plus grands personnages du royaume, ont-elles disparu ? Une légende parmi d'autres veut qu'au siècle dernier un paysan soit venu à Paris, conduisant une charrette pleine de manuscrits de Molière. Renvoyé de bureau en bureau par les fonctionnaires des ministères qui se déclaraient incompétents, le manant et sa charrette fantôme sont repartis le soir même pour disparaître à jamais. L'écriture de Molière elle-même nous est connue seulement par une cinquantaine de signatures apposées au bas d'actes d'état-civil ou de contrats. En dehors de ses pièces, on ne possède de lui que trois poèmes : *L'Ode au Val de Grâce*, à la gloire de son ami le peintre Mignard, un très beau sonnet de consolation écrit pour la mort de La Motte-Vayer fils, et un remerciement au roi.

Pendant de longues années les érudits ont accumulé les dates, les références et accablé Molière sous leurs théories. Il y a un mythe Molière qui vit dans l'imagination populaire ; il y a un autre mythe réservé aux universitaires : celui d'un Molière homme de lettres bourré de thèses philosophiques et morales, peintre de caractères universels, défenseur d'une morale bourgeoise du juste milieu, dont les manuels ont imposé l'image aux générations successives d'écoliers français. Les hommes de théâtre, Jacques Copeau, Louis Jouvet, Léon Chancerel, furent les premiers à affirmer que Molière était avant tout, selon le mot d'Audiberti, un athlète complet du théâtre. Par réaction la tentation est grande aujourd'hui d'enlever toute profondeur à Molière et de ne plus voir que les réussites techniques d'un prodigieux créateur. Or, si la tentative de réduire l'œuvre à un commentaire de la vie, ou la vie à un prélude à l'œuvre, nous paraît désormais aberrante, il est possible de substituer à la traditionnelle étude des idées et des caractères, qui soustrait Molière à la magie du théâtre, une analyse des thèmes, moins arrogante et plus féconde. Il est arrivé plusieurs fois à Molière d'intervenir en personne sous le masque de ses personnages. Il écrit *la Critique de l'École des Femmes* pour défendre la première comédie où il ait dépassé son rôle d'amuseur. Sa riposte est plus violente avec l'*Impromptu de Versailles* où il joue son propre rôle, parle sans truchement et s'avance sur le proscénium pour dénoncer la forfaiture de ses adversaires et mettre son visage d'homme et sa vie privée à l'abri de leurs attaques. Dans *le Misanthrope*, par la bouche d'Alceste, il proteste contre ceux qui lui attribuent la responsabilité du *Livre Abominable*, pamphlet dirigé contre Colbert et les Jésuites. Dans *Don Juan*, il se sert de son plus dangereux personnage, pour lancer contre les dévôts les accusations qu'il reprendra dans la préface définitive de *Tartuffe*. Dans *les Femmes Savantes*, Clitandre s'attaque en son nom aux auteurs, envieux et parasites, qui pour être ridicules, n'en sont pas 'moins dangereux.

Telles sont les réponses que Molière réserve à ses ennemis. La solidarité qu'il sent en lui entre l'homme et l'artiste l'oblige à repousser les attaques qui tentent de compromettre l'un par l'autre et faussent le jeu des luttes « spirituelles ». On abat le rival dont l'échec professionnel devient une faute morale : voilà ce que Molière refuse. En ripostant à découvert, il semble tricher avec les règles du jeu, rompre les conventions qui sont au principe du théâtre en faisant de celui-ci une tribune ou un tribunal. Pourtant qu'il interroge ou qu'il accuse, Molière respecte les chances de la comédie : son intervention polémique est une rupture féconde du jeu dramatique. Ce sont les plaies vives de l'homme que nous touchons.

Pourtant le vrai Molière est ailleurs. Mais non dans ses préfaces qui sont peu nombreuses et où il ne cède guère à la tentation, comme Corneille et Racine, de s'expliquer à fond sur son œuvre. Elles nous apprennent seulement avec quel humour il envisage la carrière d'homme de lettres et avec quel respect désinvolte il traite les grands. Elles ont trait presque toutes à la faveur du Roi et du public, aux mœurs des libraires, et décochent des flèches, ironiques pour les doctes, amères pour les dévots.

Il faut bien faire état de certains bruits selon lesquels Molière ne serait pas Molière, d'autres ayant écrit les œuvres qui lui sont attribuées. Comme la controverse qui s'élève autour de Shakespeare, ils attestent le discrédit qui continue de peser sur la condition des comédiens à qui on dénie le pouvoir de penser, de sentir, de créer, réservé aux aristocrates des lettres ou du sang, Lord Derby, Corneille ou Sa Majesté le Roi-Soleil. D'où ces manœuvres qui tentent de récupérer au bénéfice de la pure littérature l'œuvre de génie qu'on ne saurait laisser aux mains de vulgaires histrions. Parmi ceux qui ne vont pas jusqu'à contester l'identité des auteurs, il en est qui soutiennent qu'en tout cas les œuvres de Molière et de Shakespeare constituent des exceptions, des « miracles ». Et l'Académie française n'a pas accueilli le comédien Molière.

Si je mets à mon tour l'existence de Molière en question, c'est pour rêver d'un certain Molière qui échappe à l'histoire et à la littérature. Entre le Molière dressé dans l'histoire et celui qui est couché dans ses œuvres complètes, le Molière volant de la légende, comme le Médecin Volant de la farce, peut mieux nous aider à explorer la galerie des personnages dans lesquels il s'incarne.

Malveillantes comme les *Nouvelles Nouvelles* de Donneau de Visé ou *Elomire Hypocondre* de Le Boulanger de Chalussay, amicales comme la *Préface* de Lagrange et Vivot à l'édition de 1682 et la *Vie de Molière* par Grimarest, nombreuses sont les entreprises qui ont donné à Molière un visage qui émerge de toutes confrontations de lieux, de dates, d'actes civils et de textes. Molière a moulé son visage dans le masque de la comédie. Il s'est jeté, corps et âme, dans une aventure qui, de l'itinérance sordide à la gloire royale, résume par allégorie le destin du théâtre. A travers la mince pellicule de l'illusion comique, il se produit une osmose entre la personne de Molière et le théâtre. Ainsi le comédien-poète entre dans le champ du mythe où la croyance du fidèle remplace la curiosité de l'érudit. Le récit biographique devient le chant des origines, parce qu'en un sens le théâtre recommence avec Molière. Ce visage, Molière le révèle à ceux pour qui le théâtre a son mystère et son rituel. Comme Ulysse, Prométhée ou Don Juan, il se met à vivre en soi et hors de soi, en nous et hors de nous. Sans prononcer son nom, toute une littérature a utilisé ce mythe. On a cherché, en vain, à établir un rapport entre les tournées de Molière et les pérégrinations du *Roman Comique* de Scarron. Gœthe s'est inspiré de ses voyages pour narrer ceux de Wilhelm Meister. Et l'on en trouve l'écho jusque dans *le Capitaine Fracasse* de Théophile Gautier et *les Jardins et les Fleuves* d'Audiberti.

Ce n'est donc pas dans une correspondance disparue ni dans les quelques interventions signalées plus haut, — accidents ou anomalies — qu'avant d'interroger l'œuvre elle-même, il faut chercher la vraie figure de Molière, mais dans une série d'images d'Épinal, semblables à celles qui enchantèrent notre enfance et qui ornent encore les corridors des plus pauvres théâtres.

La première image d'Épinal représente le fils d'un tapissier de la rue Saint-Honoré. Elle annonce l'un des thèmes majeurs du mythe, celui des origines paradoxales : enfance pauvre du milliardaire, illettrée du grand savant, bourgeoise du baladin Molière.

Molière entre en lutte avec sa famille. Mais l'opposition n'atteint jamais des proportions dramatiques et l'on a pris soin de placer dans un coin de l'image l'aïeul maternel Louis Cressé qui encourage les goûts du jeune Jean-Baptiste et l'emmène souvent à la comédie. Les débuts difficiles de l'Illustre Théâtre peuvent faire passer le choix de Molière pour une erreur et une faute jusqu'au moment où, parce qu'il a vaincu, on admet qu'il a répondu à sa vraie vocation. Il devient alors l'oint du théâtre.

Cette première image donne une assise morale à la comédie. De ses origines bourgeoises, Molière tire une éthique qu'il se propose de faire connaître par son théâtre. Pour la postérité le pseudonyme Molière effacera mal le patronyme Poquelin, défenseur du juste milieu. Louis Jouvet est l'un des premiers à réagir violemment : « J'en ai assez du philosophe et du satirique, du petit tapissier du roi Louis XIV et du valet de chambre de génie ». Soit. Peut-on cependant nier qu'il y ait en Molière à la fois un baladin très avisé, et un sage un peu fou entre lesquels l'entente n'a jamais été parfaite ? Tantôt le poids de la vertu ancestrale freine l'audace de Molière, tantôt la répugnance inavouée qu'elle lui inspire le libère de ses prudences.

Il conquiert le théâtre dans le même temps que la bourgeoisie s'enrichit et s'élève au pouvoir. Tout en admirant la bonne santé de sa classe originelle, il insiste sur ses ridicules. Il contribue à codifier et à publier sa morale toute neuve et, au même moment, il la discrédite par les bons tours qu'il joue à ses représentants.

L'école buissonnière.

Élève au collège de Clermont, Jean-Baptiste Poquelin baguenaude sur le Pont-Neuf. Là font irruption les bateleurs de la foire et les fantoches de la *commedia dell'arte*. La légende ne craint pas l'anachronisme et fait du jeune potache le spectateur assidu de Tabarin, mort en 1626 quand Molière avait quatre ans. A seize ans, celui-ci assiste à la vogue de Tiberio Fiorelli, dit Scaramouche, dont il fut l'ami et plus ou moins l'élève. C'est alors le déclin des farceurs français et l'apogée des comédiens de l'art, venus d'Italie.

Ainsi le futur comédien délaisse les livres (n'oublions pas pourtant que le Prince de Conti admirait sa culture) pour les tréteaux de la Fête. Il découvre le théâtre non par les coulisses mais par les parades de plein vent, au Pont-Neuf, aux foires Saint-Laurent et Saint-Germain. Bateleurs et farceurs, charlatans et acrobates affrontent le public sur les dernières estrades de la comédie ambulante. Molière se prépare à prendre leur succession ; dans leurs jeux il lit son destin et celui du théâtre comique qu'il associe aux échos du plein air et au tohu-bohu de la foule en liesse. Le Boulanger de Chalussay croit lui faire tort en insinuant qu'il fut un moment réduit à expérimenter en public les poisons du charlatan Barry. Nous ne voyons nulle honte à cela : Jean-Louis Barrault dormant dans le lit de *Volpone*, Jean Vilar mangeant ses tartines à la moutarde, la mort de Charles Dullin sur un lit d'hôpital appartiennent à l'épopée quotidienne du théâtre.

L'élève des Jésuites assiste à l'apothéose du jeu corporel. Sans rideau, sans coulisse, le comédien de la foire ne se contente pas d'incarner le personnage ; il le crée, corps et âme, sous les yeux du public. La parade fait surgir le théâtre aux carrefours des villes. Elle interrompt la flânerie des foules oisives et doit transformer le badaud en spectateur. Il faut attirer l'attention, capter l'intérêt ; par les masques et les costumes s'imposer sur le chatoiement général des couleurs ; par les grimaces et les tours de force vaincre le mouvement confus de tout ce qui va et vient, tourne, monte et descend autour de soi ; par les beuglantes et les saillies verbales dominer le tintamarre. Saisi dans sa spontanéité foraine, le spectacle de tréteau indique que le théâtre doit arrêter pour un temps l'écoulement normal de la vie. Si le comédien ambulant cesse de tenir son public en main, immédiatement celui-ci se défait, se disperse. Tout repose sur l'improvisation accordée au jeu de l'équipe entière, répondant aux plus subtiles suggestions de la foule, et enrichie par un répertoire de gestes, de cabrioles, de *lazzi* que les comédiens se repassent les uns aux autres d'année en année et de siècle en siècle.

Les canevas qui sont venus jusqu'à nous des dernières farces de la foire ou des comédies italiennes de la belle époque sont peu de chose pour évoquer ce jeu prodigieux des corps libérés dont l'apparition de Molière marque le terme et le dépassement. Les gravures de Callot, les estampes de la collection Rondel à l'Arsenal, les dessins de Gillot flattent mieux l'imagination. Il suffit de savoir que l'enfant Molière se trouva mêlé à ces jeux venus du Moyen Age ou de l'Italie, et qu'il les aima.

Vue du Pont Neuf, d'après une estampe de Rigaut.

Le chariot de Thespis.

Molière n'est pas fait de la même pâte que Corneille et Racine, dramaturges en chambre, et l'on comprend qu'il n'y ait jamais eu de véritable amitié entre eux. Il a vécu le théâtre comme une aventure dont le décor, planté à mi-chemin entre le pittoresque et le surréel, baigne dans la poésie des chars, des cortèges et des jeux avec lesquels Callot et Waël ont dessiné l'allégorie du théâtre. Aventure déroulée au cœur d'un peuple éparpillé en ses provinces, villages, bourgs et cités emmurées. Les comédiens y ont dérobé des secrets et réveillé d'anciens rêves. Les chariots cahotent dans les ornières des chemins au pas de leurs attelages faméliques. Les routes, infestées de brigands, les conduisent vers des villes inconnues à l'entrée desquelles ils sont salués ou conspués.

Waël : Comédiens ambulants.

Les hôtelleries, où les répétitions ont lieu, sont chères et souvent manquent de confort. Chaque année, au carême lorsque la comédie fait relâche, on monte à Paris chercher des pièces nouvelles. Les municipalités sont tracassières et les gens d'église continuent « d'anathémiser » les comédiens. Des droits de toutes sortes viennent rogner les recettes, alors que le prix des places varie de dix à vingt sous. Les troupes elles-mêmes (elles sont une quinzaine en tout) se font concurrence. A Nantes, un montreur de marionnettes enlève son public à la compagnie de Dufresne où joue Molière. A Pézenas un nommé Cormier manque d'ôter à Molière la faveur du Prince de Conti.

Une fraternité qu'elles ignorent rapproche pourtant les cohortes errantes du théâtre au XVIIe siècle. Ces baladins de France, que Molière rejoint ainsi sur le tard, croisent sur leur chemin les derniers bataillons de la *commedia dell'arte* et de la comédie espagnole. Déjà en Angleterre, les puritains ont imposé le silence aux héritiers du grand Will. Shakespeare au début, Molière à la fin, tel se déroule le siècle d'or qui a donné un théâtre à l'Occident. Tous ces affranchis viennent du théâtre religieux. Échappés des mystères médiévaux, ils représentent, au lieu du dialogue entre Dieu et sa créature, l'attitude de l'homme en face de son destin.

Mais tandis que les Elizabethains et les Espagnols vont de cour d'auberge en cour d'auberge et maintiennent le théâtre à ciel ouvert, les comédiens français s'abritent sous les halles rectangulaires des jeux de paume. Alors que les premiers, parlant une langue drue et directe pour toucher l'âme de leurs contemporains, implantent les jeux de la scène en terre populaire, les troupes françaises colportent des tragédies savantes nées dans les collèges et oublient l'art des vieux farceurs. Les uns et les autres font alterner le spectacle aristocratique et l'assemblée populaire. Tantôt le château seigneurial, tantôt le jeu de paume. Tantôt la cour, tantôt le Palais Royal. Ainsi Molière poursuit son aventure exemplaire qui commence dans le désarroi après la déconfiture de l'Illustre Théâtre et se termine dans la solitude après la quatrième représentation du *Malade Imaginaire*.

Cet itinéraire, que les chercheurs précisent chaque année un peu plus, donne à la métamorphose de Poquelin tapissier, en Molière comédien du Roy le sens d'une initiation rituelle. La tentation avortée de l'Illustre Théâtre qui conduit Poquelin en prison comme un malfaiteur figure l'épreuve préalable imposée au jeune bourgeois dont la signature orne l'acte d'association du 30 juin 1643. Puis vient ce tour de France de douze années qui révèle Molière à lui-même et au public : le chef de troupe succède à l'obscur comédien, le poète à l'interprète. Pézenas en Languedoc, Lyon ville-capitale, Rouen sur Paris sont les jalons les plus marquants de cette randonnée qui par des succès de plus en plus francs,

Waël : Répétition de comédiens.

des hôtelleries de plus en plus confortables, ramène Molière à son point de départ. Ce retour à Paris, ville marquée du signe du double public, royal et populaire, c'est la revanche de Molière qui a vaincu et apprivoisé le théâtre.

Le bouffon trop sérieux.

Le peuple aime l'image du clown triste parce que l'écart est trop grand entre le jeu qui se joue sur la piste et la réalité des choses. Il faut que le pitre soit dolent pour qu'il récupère son humanité. Molière qui fait rire, mais dont les personnages sont inoubliables de vérité, n'échappe pas à ce poncif.

Les romantiques ont rendu populaire cette image qui éveille la méfiance des spécialistes modernes. En insistant sur « cette mâle gaîté si triste et si profonde » de Molière, Musset rejoint Victor Hugo. Le Fantasio de l'un répond au Quasimodo de l'autre. Les romantiques n'ont-ils pas voulu vérifier sur Molière l'une des antithèses par lesquelles ils ont exprimé la dialectique de l'existence : Beauté-laideur, Liberté-fatalité, Joie-tristesse ? Ou plus simplement, n'ont-ils pas tenté de compenser l'apparent manque de profondeur du comique ?

Les classiques du XVIIᵉ siècle refusent de mélanger les genres. Les romantiques le leur ont reproché, et nous continuons de penser avec eux qu'en faisant du comique et du tragique des entités, le théâtre classique a limité la résonance de ses œuvres. Dans le théâtre de Shakespeare, l'intermède et le personnage burlesques aggravent les provocations du destin et soulignent l'intensité dramatique. Cependant lorsqu'en sens inverse, on prétend faire intervenir l'épisode dramatique en pleine comédie, il est difficile d'éviter les larmoiements. Molière pense, comme ses contemporains, que seul le sublime peut espérer émouvoir, il n'a jamais cherché l'attendrissement. Quand il a compris son échec d'auteur, puis d'acteur tragique, il a choisi de faire rire et y a réussi à merveille, sans hésiter à utiliser ses dons de bouffon grimacier et gambadant.

Mais cette évidence-là n'en détruit pas une autre. Le vrai visage de Molière correspond bien à l'image d'Épinal du triste bouffon, comme en témoignent les nombreux portraits que l'amitié a inspirés au peintre Mignard. Dans ce visage épais, la paupière pèse lourdement sur le regard. Si un sourire paraît prêt à s'envoler de la bouche gourmande, il demeure indécis, prisonnier d'une brume qui voile tout le visage.

Et d'ailleurs les contemporains sont d'accord. « Il passait pour rêveur et mélancolique » dit Lagrange. *La Pompe Funèbre* de Scarron l'appelle un « bouffon trop sérieux ». Et un autre témoin ajoute : « Molière qui n'est pas rieur... ». Molière a la mélancolie de ceux que le spectacle du monde

Molière, par Mignard. ▶

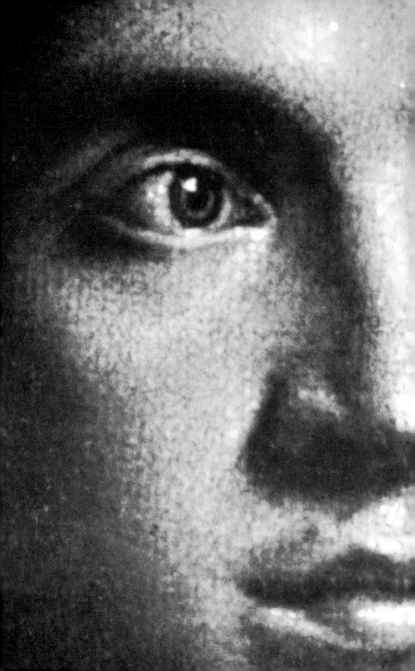

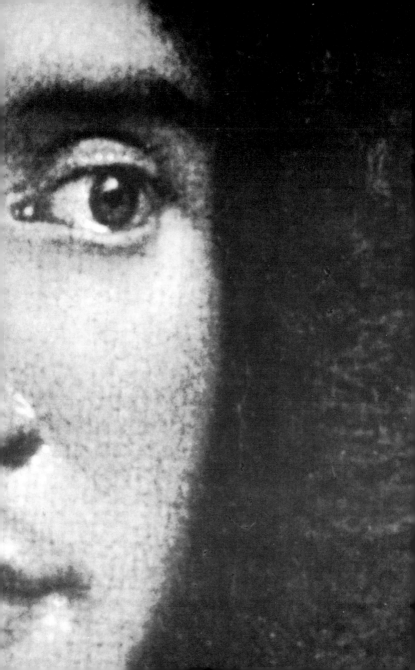

incite non à le transformer mais à lui substituer une illusion. La scène, plus que tout autre lieu, se prête à cette mesure d'enchantement. Menacés dans la rue, dans la boutique du barbier, et jusque dans les salons ou à la cour, par ce regard qui fera d'eux des poupées ensorcelées, les vaniteux du monde le tiennent pour un homme dangereux. Dans *Zélinde*, Donneau de Visé, parfait petit salaud des lettres, le dénonce en termes très révélateurs :

« ...Depuis que je suis descendu, Elomire n'a pas dit une seule parole. Je l'ai trouvé appuyé sur ma boutique, dans la posture d'un homme qui rêve. Il avait les yeux collés sur trois ou quatre personnages de qualité qui marchandaient des dentelles, il paraissait attentif à leurs discours, et il semblait par le mouvement de ses yeux, qu'il regardait jusques au fond de leur âme pour y voir ce qu'elles ne disaient pas [...] C'est un dangereux personnage : il y en a qui ne vont point sans leurs mains ; mais l'on peut dire de lui qu'il ne va point sans ses yeux, ni sans ses oreilles. »

Et il ajoute, l'imaginant à sa mesure et annonçant nos mièvres contemporains : « Je crois même qu'il avait des tablettes, et qu'à la faveur de son manteau, il a écrit sans être aperçu ce qu'elles ont dit de plus remarquable. »

Le mal-aimé.

Molière n'a pas eu de chance en amour, dans la vie et dans la légende. On a voulu faire de lui un être à part. Le fils du tapissier Poquelin renonçant à l'honorabilité bourgeoise pour devenir baladin et amant d'une comédienne de tournées, puis accusé d'horreurs, comme d'avoir épousé sa propre fille, ou d'avoir eu des relations équivoques avec le jeune Baron ; telles sont quelques-unes des tartes à la crème d'une polémique contemporaine de Molière qui a prolongé ses échos jusqu'à nous. S'il semble à peu près sûr qu'Armande était la fille de Madeleine Béjart et non sa sœur, il n'en résulte pas qu'elle fût la fille de Molière. Un mystère, une incertitude plutôt, plane sur sa naissance. La vie libre des comédiens en tournée en est l'origine, et non je ne sais quel scabreux roman policier. Ce qui est sûr, c'est que, vu la tournure que prirent dans la suite les relations entre Molière et Armande, le comédien-poète entre dans la catégorie des génies mal-aimés.

Cependant, Molière n'est pas un grand amoureux. Il n'a pas fait de l'amour ou de l'érotisme le principe moteur de sa vie, ni la grande source inspiratrice de son œuvre. Il n'est ni Tristan, ni Don Juan. Dans une vie que le théâtre a mobilisée tout entière, la femme n'a jamais eu accès qu'aux abords de son âme.

Si un certain manque de charme l'a exposé aux refus des félines, comme la du Parc, et, plus tard, Armande, il trouve son compte auprès des bonnes âmes et des têtes solides, qui surent remplir une fonction de vigilance, de protection : la rousse Madeleine et Catherine de Brie. Il n'exige guère plus d'elles et Grimarest nous fait cette confidence : « En huit jours une petite conversation, c'en était assez pour lui, sans qu'il se mît en peine d'être aimé, excepté de sa femme, dont il aurait acheté la tendresse pour toute chose au monde. »

Si malgré tout l'amour paraît avoir joué un grand rôle dans sa vie, c'est que Molière a réuni dans une passion unique l'œuvre qu'il commençait et Armande qu'il aimait. Brisée l'harmonie initiale, la passion de Molière a survécu, vive, mais gravement fêlée. Au centre de l'univers où l'a conduit son métier de comédien, il a placé, plus réelle et cependant plus chimérique que n'importe quel autre de ses personnages, Menou, enfant de la balle, modelée par lui, née à la fois du théâtre et de lui, l'épouse-fille, sans que ce titre suggère des sous-entendus graveleux.

Molière n'a sans doute fait aucun rapprochement entre l'histoire du couple Molière-Armande, marié le 20 février 1662, et celle du couple Arnolphe-Agnès, représentée le 26 décembre de la même année. Pourtant des bruits fâcheux circulèrent dès l'année suivante non sur l'inconduite, encore peu probable, d'Armande, mais sur l'inceste de Molière. C'est Catherine de Brie qui joue jusqu'au bout le rôle d'Agnès. Mais d'Agnès à Angélique les personnages de femme sous le masque desquels Armande affronta en scène le comédien Molière ne furent jamais exorcisés. Le mariage est resté menacé. Ils n'ont pas été heureux l'un par l'autre. La jalousie de Molière, nostalgie de l'absolue possession, et la coquetterie d'Armande, refus du don total de soi, engendrèrent un tourment réciproque. Ainsi l'apparition du conflit sentimental dans la vie de Molière est-elle liée au thème du cocu légendaire, si fréquent dans l'œuvre.

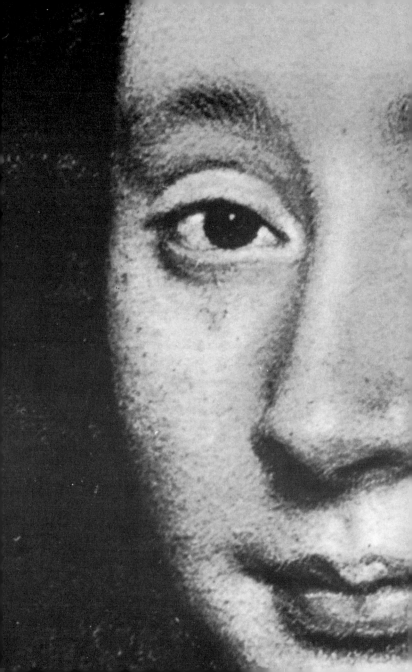

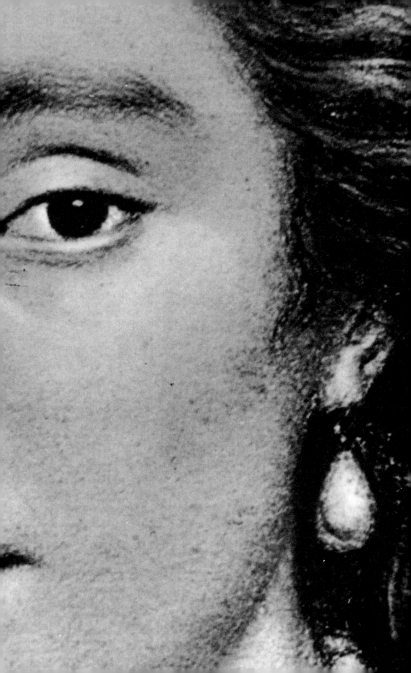

Tombeau de Molière.

Sa mort est la réussite suprême de Molière, celle qui a le plus contribué à donner un caractère mythique à la rencontre de son œuvre et de sa vie dans l'imagination populaire. Pourtant Molière n'a pas été frappé par un brutal arrêt du destin. C'est lentement qu'il s'est mis en marche vers la mort, livré aux rapines et à l'usure de la maladie. Un banal chaud et froid, survenu dès le début de sa carrière à la cour en 1665, qui dégénère en « fluxion de poitrine », dégrade l'acteur plutôt gras, aux fortes épaules, au visage presque bouffi, que présentent les gravures d'époque, et le change en cet être malingre dont la toux inquiète Harpagon en 1668 et que les médecins de Pourceaugnac décrivent de façon hallucinante : *Cette physionomie, ces yeux rouges et hagards, cette habitude de corps menue, grêle, noire et velue.* Le Boulanger de Chalussay dans sa hargne renchérit :

> « En ces yeux enfermés, en ce visage blême
> En ce corps qui n'a plus presque rien de vivant
> Et qui n'est presque plus qu'un squelette mouvant. »

Régime lacté et crachements de sang, haine des médecins et ennuis domestiques : le combat de la vie commence. Tout le personnage se consume, puis s'apaise un peu après *Don Juan, Tartuffe* et une hypothétique réconciliation avec Armande. C'est en jouant Argan, dans le *Malade Imaginaire*, que Molière a reconnu et affronté la mort. Exposé sous vitrine au foyer de la Comédie-Française, le fauteuil à la peau rongée a cessé d'être un souvenir ou un document. Il est devenu un objet ambigu, insolite et banal comme la chaise ou les godillots de Van Gogh. C'est le fauteuil d'Argan mais c'est bien Molière qui s'y est assis. Molière qui était trop Molière pour n'avoir pas flairé le piège, et n'y avoir pas cédé avec délices. *N'y a-t-il pas quelque danger à contrefaire le mort ?* Il s'agissait, dans ce dernier spectacle, moins de moquer les médecins ou les malades qu'on disait imaginaires, que de mettre la mort hors-jeu. La farce d'Argan s'y prêtait.

Molière l'a montée dans la solitude. Comédie-ballet sans Lulli, comédie royale sans le Roi, il a dû pour la jouer transformer coûteusement son théâtre du Palais-Royal. La seule représentation de plein air que nous puissions évoquer est justement celle du *Malade* qu'une gravure de Lepeautre a reproduite. Mais elle a eu lieu en 1676 et ce n'est plus Molière qui est là. Après la comédie, il n'y a plus de simu-

*Le fauteuil où mourut Molière
(exposé au « Foyer du public »)*

lacre, il n'y a qu'une farce rituelle et cette « dernière » représentation de Molière l'est à la façon de la « dernière classe » de Daudet.

Ensuite commence la cérémonie dont Grimarest fait un récit épique, tandis que Lagrange consigne l'événement dans son registre. Les prêtres refusent de visiter le moribond. Deux sœurs le veillent ; la veuve supplie le monarque qui prie l'archevêque d'éviter le scandale ; l'enterrement se fait aux flambeaux et Armande Béjart tente d'apaiser avec des écus une foule dont elle ignore les intentions.

Louis XIV aimait le théâtre et l'Église avait dû corriger son attitude. Jusque-là elle rangeait les comédiens avec les « personnes publiquement indignes, tels que sont les excommuniés, interdits et manifestement infâmes, comme prostituées, concubinaires, comédiens, usuriers, sorciers ». Il leur suffisait maintenant de renoncer à leur état au moment de la mort. Seul Molière a déchaîné cette haine. Mais ce n'est pas à cause de Tartuffe ou de Don Juan qu'on a maltraité son cadavre. Ce n'est pas à Molière mais à un simple comédien qu'un obscur pasteur a refusé son assistance ! Quelle que fût sa tentation secrète, Molière n'a pas eu avant de mourir le temps de renier le théâtre.

vray Portrait de Mr de Moliere en Habit de Sganarelle

Elles nous content donc une naïve et merveilleuse histoire, ces images d'Épinal qui irritent les doctes et édifient les enfants sages. L'initiation du catéchumène, la double tradition comique, le long voyage, la mélancolie du pitre, le ménage de comédiens, le sacrifice final font mieux comprendre pourquoi le visage de Molière apparaît en surimpression sur toute l'histoire du théâtre. Son fantôme est traqué et capturé dans les couloirs, les coulisses et les cintres de tous les théâtres vides et obscurs, lorsque, la représentation terminée et le dernier machiniste parti, les personnages morts, égarés ou endormis et les comédiens du passé dans leurs hardes bigarrées se frôlent sans se reconnaître. Pour Henry Poulaille, Molière n'existe pas, pour Pierre Brisson c'est un homme blessé, pour René Bray un artisan du théâtre, pour Gustave Michaud un sujet de thèse, pour Ramon Fernandez un voyant, pour Madame Dussane un saint patron, pour Antoine Adam un esprit libre et novateur. Mais entre tous ces fantômes, ne peut-on retrouver ce Molière que la légende populaire a ramené sain et sauf des transes de l'histoire, des théories littéraires, des avatars du théâtre et des pensums de l'école ?

Il est bardé de maximes, entouré d'anecdotes morales qui exaltent sa générosité, sa sagesse, son amour du métier, son sens des responsabilités, sa gloire et son prestige auprès des humbles et des grands. Pour sauver l'image pieuse, les historiographes escamotent les anomalies et arrêtent l'érosion continue que Molière a fait subir aux valeurs établies. Qu'importe ? De Corneille est né le mythe moral de la France cornélienne, de Racine celui de la perfection classique. Ces deux-là constituent un domaine national réservé, presque étroit. Molière, lui, incarne le mythe poétique du théâtre, avec ce qu'il suggère de fantaisie, d'habileté, de conscience et de risque.

L'auteur et son public.

La remarque n'est pas neuve : les valeurs françaises vont par paires. Les couples Montaigne-Rabelais, Corneille-Racine, Voltaire-Rousseau, Stendhal-Balzac, arpentent des siècles de culture nationale. Ces couples reprennent sans cesse un dialogue qui ne parvient pas à fondre les deux tendances fondamentales de notre race en un art de vivre qui soit en accord avec la nature. Elles sont rares chez nous les voix solitaires (Eschyle, Virgile, Dante, Shakespeare, Dostoïevski) qui en d'autres lieux suffisent à remplir seules le silence de leur temps. Je vois Victor Hugo, qui ne peut faire équipe avec Lamartine, Claudel qui domine le débat Gide-Valéry. Mais il y a Molière.

Or le public français ne parvient pas à faire son unité devant le phénomène Molière. Les uns, les intellectuels et les générations d'écoliers formés par eux, annexent Molière à l'histoire littéraire, au mieux à la littérature écrite où il rejoint Corneille et Racine. Les autres, qui forment le « grand public », réagissent selon la mode et, selon les circonstances, tiennent Molière pour amusant ou vulgaire, ennuyeux ou profond. Quant à la majorité des comédiens, qui ont l'amour de leur art, ils ont fait de lui, comme de Shakespeare, un patron, au sens artisanal et religieux du terme. A ce titre Molière a présidé aux efforts par lesquels le Cartel a tenté de rénover le jeu dramatique dans la première moitié de ce siècle.

La synthèse de ces publics est réalisée au théâtre qui se nomme à la fois Maison de Molière et Théâtre Français, et dont l'origine remonte à la fusion posthume des troupes de Molière, du Marais et de l'Hôtel de Bourgogne. Le patriotisme, le classicisme et la profession de comédien y trouvent leur justification, par le seul nom de Molière qui occupe la majeure partie du répertoire. Pour le spectateur, la soirée

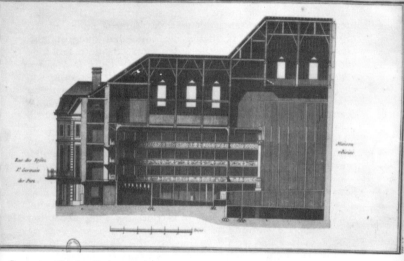

Coupe et profil de la salle de spectacle
de la Comédie Française au XVIIe siècle.

théâtrale y devient un complément de lecture et un acte de culture nationale. Pour la troupe, la représentation n'est guère plus que la lecture minutieuse de la pièce. Les uns et les autres ont renoncé à l'espoir chimérique de forcer Molière à déchirer la guenille de ses personnages et à surgir en personne sur le lieu magique pour se révéler enfin. C'est ailleurs qu'il faut prendre rendez-vous avec Molière : hier chez Louis Jouvet ou Charles Dullin. Aujourd'hui chez Jean-Louis Barrault ou Jean Vilar.

Les contradictions de Molière.

Le fils du tapissier et le comédien funambulesque ont passé leur temps à se fourber mutuellement. L'œuvre y a perdu quelque peu de la rectitude par laquelle on définit trop exclusivement le classicisme, mais elle y a gagné en vivacité et en épaisseur. Molière abandonne la survivance de la charge de tapissier royal pour pérégriner au nom du théâtre, mais il reprend ce titre après les premiers succès parisiens. Au sommet de sa carrière il vit bourgeoisement à Auteuil, méticuleux jusqu'à la manie, soucieux de se faire bien servir. Et pourtant, même riche, honoré et malade, il refuse d'abandonner le métier de comédien que son ami Despréaux s'acharne à avilir à ses yeux. Molière tente de concilier le comique rabelaisien, auquel il dédie *le Médecin malgré lui*, et la *commedia dell'arte* à laquelle il donne son chef-d'œuvre avec *les Fourberies de Scapin*. Il porte un coup fatal à la préciosité mais, avec *Amphitryon*, reconnaît l'authencité d'une certaine poésie précieuse. Il invente un nouveau théâtre, mais par le décor de ses comédies, il autorise de maladroits successeurs à créer le théâtre bourgeois et ses séquelles : comédie larmoyante, mélodrame, vaudeville, théâtre libre et pièce à thèse.

Ces contradictions ne trouvent-elles pas leur prolongement dans la rencontre du comique et du tragique ? Notre plus grand poète comique est un tragédien et un tragique manqué. Au départ de son œuvre et de sa carrière il y a une déception surmontée. Le comique lui est apparu comme le seul gage de succès mais aussi, et de ce fait, comme le masque de la fatalité. Il l'a choisi de plein gré et sans arrière-pensée parce que la farce et le divertissement royal en ridiculisant les prétentions outrancières et en sublimant les fadaises mondaines lui ont permis de faire du personnage comique une sorte de héros.

Molière trouve d'instinct un pathétique plus proche et plus direct que celui des fatalités tragiques. Ce sont les quotidiennes trahisons de l'homme, ses perpétuelles et mesquines offenses qui excitent sa verve et sa hargne. Il est du côté des franchises humaines. Ce fils de bon bourgeois et ce serviteur loyal du souverain est sans cesse porté à mettre en question les valeurs sur lesquelles se bâtissent la grandeur et l'imposture de son temps. Entre un logis bourgeois et la cour de Versailles il y a le cabaret de la Croix Blanche où il retrouve les libertins et les libres penseurs, ses amis. Par son métier, sa gloire et son œuvre plus exposé que tous les autres, un jour viendra où las et malade, Molière se retirera derrière le service du roi, lequel lui fera défaut même au dernier moment.

De loin, c'est l'existence imaginaire de ses personnages qui reste son meilleur alibi.

L'auteur et ses personnages.

Les personnages de Molière, s'en tenant aux seuls discours de leur fonction comique, ne peuvent passer pour ses porte-parole. Ils sont là, subtils mais bien présents, ayant assez cheminé dans les rêves du poète, assez inquiété ou rassuré le directeur préoccupé d'emplois ou de titulaires et le comédien-vedette soucieux de plaire à son public, ayant assez obsédé l'homme dans ses plus graves démêlés, pour devenir la chair de sa chair et la forme poétique de ses démons les plus secrets.

La relation de Molière à ses personnages, de laquelle dépend l'intelligence de son théâtre, est donc déterminée par le complexe : poète-interprète-régisseur. Ce comité trinitaire fonde et administre une entreprise où le salut de Molière et celui du théâtre se confondent. Molière a utilisé son génie de poète, son autorité de directeur, son prestige de comédien, pour rendre prospère une troupe qui a connu les misères de la vie itinérante.

Il a voulu d'abord partager la vie des comédiens. Le seul souci d'alléger leur trésorerie l'a incité à écrire, sans la moindre prétention littéraire, « ces petits divertissements qui lui avaient acquis un peu de réputation dans les provinces. » (Grimarest). Il ne s'est pas donné la peine de les composer entièrement faisant confiance à l'improvisation et au travail d'équipe pour animer de simples canevas. Sa première pièce, *les Précieuses Ridicules*, n'a été publiée qu'en riposte aux mauvais procédés du libraire Ribou qui n'avait pas attendu l'autorisation de Molière pour procéder à l'édition. Dans sa préface, Molière a précisé sa position avec humour. *C'est une chose étrange qu'on imprime les gens malgré eux. Je ne vois rien de si injuste et je pardonnerais toute autre violence plutôt que celle là* [...] *Comme une grande partie des grâces qu'on a trouvées (aux Précieuses) dépendent de l'action et du ton de voix* [...] *j'avais résolu, dis-je, de ne les faire voir qu'à la chandelle pour ne point donner lieu à quelqu'un de dire le proverbe : et je ne voulais pas qu'elles sautassent du théâtre de Bourbon dans la galerie du Palais.*

Plus tard, la maladie étant venue avec la gloire et la richesse, comme Boileau l'engageait à abandonner la carrière d'histrion pour se consacrer au métier d'écrivain, Molière répondit superbement : *Ah! Monsieur que me dites-vous là ? Il y a un honneur pour moi à ne pas quitter.*

Il ne faut voir dans ce mot plus ou moins légendaire aucun désir de paraître mais le souci tout simple d'accorder au jeu dramatique une juste primauté. Renvoyez les écrivains, effacez les mots, détruisez les pièces, ne laissez subsister que l'acteur avec sa voix (mais qu'elle soit bonne), avec son corps (mais qu'il sache s'en servir), avec le tréteau (mais que les prestiges en soient éclatants) ; si vous nous accordez cela, vous laissez intact le principe du théâtre à partir duquel tout est possible. Il faut s'en bien persuader pour saisir toute la profondeur et la nouveauté de la courte formule qui préface *l'Amour Médecin : Les pièces ne sont faites que pour être jouées.*

Pendant qu'il dirige sa troupe, Molière voit naître ses personnages et tente d'en apprivoiser quelques-uns. Non seulement il les voit mais il les prévoit. Il affecte d'avance ces créatures imaginaires d'apparence familière. Il détermine les emplois et en choisit les titulaires, il distribue les rôles, et dès l'instant qu'ils naissent, ses fantoches ont la mine d'Armande ou le port de Lagrange. Il tourne les contingences à son avantage, donne à l'un la boiterie de Joseph Béjart, à l'autre le rire de Mlle Beauval, à Harpagon sa propre toux. Il assure le délicat équilibre des distributions, ménage les susceptibilités. Il s'écrie dans *l'Impromptu de Versailles : Ah! les étranges animaux à conduire que les comédiens!* Mais, aggravée par les servitudes de la faveur royale, la résistance que lui opposent ses acteurs de chair représente pour lui une ascèse bienfaisante. Et tout cela trouve son aboutissement vrai lorsqu'un jour, en fin d'après-midi, les chandelles s'allument et que le spectacle commence devant le public, grands seigneurs sur la scène, les autres dans les loges, boutiquiers, étudiants et militaires debout au parterre où éclatent les bagarres, où les rires et les applaudissements sont les plus spontanés.

Cependant il faut isoler du lot la cohorte privilégiée des rôles tenus par l'auteur lui-même. A part Tartuffe et Don Juan, ce sont tous les grands ténors de sa comédie. Doit-on en déduire une complicité plus intime entre eux et leur créateur ?

L'acteur et son rôle.

La silhouette épaisse de Molière, la variété de ses postures et ce que ses contemporains ont appelé sa « scurrilité » qui est un art de la grimace, le prédestinaient à certains rôles : Arnolphe, Harpagon ou Georges Dandin. On ne peut douter que Molière ait été habité par un certain type de personnage ni qu'il l'ait été tout autrement qu'un romancier ou un dramaturge en chambre.

Ce personnage tend à devenir un *type*, à se détacher de Molière. Et pourtant il reste le *témoin* de son créateur, lui empruntant non seulement une silhouette assortie de quelques éléments (la mouche de Scaramouche, l'habit jaune et vert dont Sganarelle n'a pas eu l'exclusivité), mais surtout certaines dispositions profondes, que nous soupçonnons sans espérer qu'on puisse un jour les préciser en toute certitude. *Type* et *témoin*, il garde la souplesse voulue pour se permettre toutes les escapades et toutes les métamorphoses. L'aboutissement véritable aurait dû être le *personnage fixe*, dont la silhouette et le comportement sont constants et l'appellation immuable, tels que sont Arlequin ou Charlot. Molière n'a pas voulu se limiter ainsi. Son théâtre y a sans doute gagné en ampleur, mais le mythe y a perdu en vigueur et en unité, et notre quête de Molière devient plus difficile et plus improbable.

Au personnage fixe, les farceurs français et les comédiens italiens ont réussi à donner une telle vie que l'interprète y a souvent perdu son identité civile pour ne garder que le surnom ; ainsi en a-t-il été avec Tabarin, Turlupin, Scaramouche, Trivelin, entre autres.

Un transfert s'opère entre l'acteur et le simulacre. Souvent celui-ci est inférieur à l'interprète et il meurt avec lui : il en fut ainsi de Scaramouche qui n'a guère survécu à Tiberio Fiorelli. A l'opposé, c'est Arlequin, bergamasque balourd, dont le grand Dominique fit l'agile symbole du rire de théâtre, allié aux éléments subtils, le feu et l'air, qui mourut mélancoliquement en 1783 dans la peau de Carlo Bertinazzi, dit Carlin. Arlequin appartient à la tradition ; il va du jeu au jeu. La transmission du rôle par la remise solennelle du masque au nouveau titulaire, comme on la voit encore aux pantomimes de Tivoli à Copenhague, assure la primauté du simulacre sur l'interprète, si grand soit-il. Arlequin n'a pas d'âge et son seul visage est un masque de cuir bouilli. Ce fantoche est mort parce que la sensiblerie du XVIIIe siècle et la victoire du théâtre littéraire l'ont vidé de son âme. Molière a ébauché un personnage analogue, mais n'a pas voulu s'en rendre prisonnier. C'est peut-être par ce refus que le poète a eu raison du comédien. De nos jours on a vu de la même façon Charlie Chaplin, si proche de Molière, échapper au piège de Charlot.

Ainsi éclate le personnage-type, mais ses diverses figurations demeurent des témoins véridiques. Molière par lui-même, c'est Molière derrière les différents masques d'un seul et unique fantôme qui déambule dans tous les recoins du théâtre. Voici le fourbe qui mène le jeu, Mascarille au début, Scapin à la fin, serviteur d'un maître occasionnel et de la comédie éternelle, voici le bonhomme épais, Chrysale, plein de bon sens, ou les entêtés, Arnolphe et Dandin, voici enfin Alceste, isolé de tous, et derrière chacun d'eux, l'unique Jean-Baptiste Poquelin, dit Molière.

Molière donne à un personnage le style de la vie domestique. Puis il le laisse courir, de Sganarelle en Chrysale, d'aventure en mésaventure, de mariage en paternité. Il va de la farce à la haute comédie, avec la silhouette de Jean-Baptiste Poquelin, baladin et valet de chambre du roi, né au faubourg marchand mais lancé sur les routes et à la cour, bon fils qui tire son père d'embarras, bon époux que la coquetterie de sa femme blesse à mort, homme incommode « dans son domestique par son exactitude et par son arrangement » (Grimarest). N'exagérons certes pas le rôle des « affinités électives » dans la conduite du comédien-poète. Mais ne transformons pas davantage les fantoches imaginaires en de pures mécaniques de circonstance, montées au hasard des saisons dramatiques, selon les variations des parts d'acteur et la nécessité de faire rire à tout prix. Sous le prétexte que les romantiques ont poussé trop loin l'identification de l'homme et de l'œuvre, il ne faut pas tomber dans l'erreur opposée et faire de Molière le frère sinistre de nos boulevardiers. S'il n'a pas toujours pu choisir à son gré ses délais et donner une forme achevée à ses ouvrages, s'il a parfois travaillé sur commande, il a toujours su garder sauve la part dernière de l'inspiration. Une complicité d'humeur le lie au bonhomme venu des horizons domestiques, régent de l'univers familial comme Molière l'est de sa troupe et jouant sa partie burlesque sur l'équilibre misérable de sa domesticité. Est-ce le bonhomme qui fait du foyer domestique le lieu enchanté du théâtre ? Ou Molière qui fait du théâtre l'intérieur bourgeois qui l'obsède ? Est-ce Chrysale qui est le visage, ou Molière le masque ? Intérieur bourgeois à volonté, rue abstraite, carrefour des rencontres, brun, gris, cossu, de plus en plus cossu et de mieux en mieux clos ; les metteurs en scène de la tradition ont-ils compris Poquelin et trahi Molière, au point de réduire sa comédie à ce lieu meublé, étanche, prison bourgeoise des êtres, des passions et des choses ?

La domesticité renvoie le bourgeois à lui-même dans l'univers dont il est propriétaire. De ce qu'il possède (et il s'arrange pour n'avoir de relations qu'avec ce qu'il possède), il use et il abuse pour le plaisir d'affirmer très haut que ses droits sont sans limite. Son peuple est un peuple servile ; il est époux, père, maître pour être *obéi*. Le jeu comique du bourgeois consiste à vérifier gratuitement son pouvoir sur les objets devenus *ses biens* et les personnes devenues *son monde*. Il provoque l'obstacle, l'arrivée du rival, du fiancé, du larron, par son entêtement à réduire les autres à un simple reflet de lui-même. Femmes, enfants, serviteurs s'émancipent pour donner une ouverture, une envergure, une fraîcheur à ce monde, rassis par le caprice d'un démiurge disgracieux. Dans sa mésaventure au cadre presque immuable, la comédie de Sganarelle et d'Arnolphe est faussement bourgeoise et réaliste.

L'apparence du bonhomme.

Molière a tenu vingt-quatre rôles importants dans ses pièces : quinze sont des rôles de bourgeois, sept des rôles de valet, Sganarelle allant de l'un à l'autre type. Il y a loin sans doute du fantoche sommaire du *Cocu Imaginaire* au bonhomme familier des *Femmes Savantes*. C'est pourtant le même visage, le même tissu vivant, le même tempérament que l'acteur met à la disposition des deux créatures. Le teint brun est pâli à coups de blanc gras. Les yeux ronds, qui ne demandent qu'à voguer très loin, roulent sous des sourcils dont les postiches augmentent l'épaisseur naturelle. La bouche mûre pour la sensualité et la tendresse, dégage son relief d'une large moustache en parenthèse. Molière s'est fait le masque de Scaramouche et ne l'a quitté que pour jouer Alceste. Mais peut-on prétendre démêler l'inextricable réseau qui enserre le personnage et sa conduite, l'acteur et son

Coquelin, dans le Bourgeois Gentilhomme.

répertoire de gestes, l'homme et son comportement? Faut-il au contraire en respecter le mystère et admettre que la richesse mimique dont Molière dote son personnage signifie seulement le plaisir profond de manifester par le geste l'état d'âme qui lui correspond ? Le degré de sincérité ne fait pas grand-chose à l'affaire. L'homme qui se donne en spectacle use de l'expression mimique pour rendre compte aux autres de son trouble intérieur. Il obtient l'obéissance, la pitié, le pardon, l'aveu. Le pitre change alors la signification du geste : il l'offre à la fois à son partenaire et au public qui sanctionne l'habileté par son rire. Relevant les traits les plus fréquents des rôles de Molière, Madame Dussane a dressé le répertoire des jeux où son comique s'exprimait avec le plus de force et de vérité. Elle a trouvé d'abord la *colère*, puis l'*autorité* qui dégénère vite en *suffisance*, une certaine *fébrilité* qui annonce l'impatience, l'inquiétude, le soupçon. La constance de ces traits contribue à typer le personnage, et, plus que tout autre, celui du bourgeois, hurluberlu comme Sganarelle, conventionnel comme Chrysale.

A cette fixation du masque et à cette structure psychologique s'ajoute la permanence du costume. Dans ses variantes il garde une ligne générale et une dominante de couleur. Sur vingt-cinq costumes connus, dix comportent expressément du vert, qui est avec le jaune la couleur de Sganarelle. Les bourgeois de la maturité, Orgon, Harpagon, Chrysale sont en noir. Mais surtout le costume par ce qu'il a de suranné, jette le bonhomme dans l'engrenage du temps avec ses idées fixes et ses manies comme un poids mort ou un volume encombrant. Par son déguisement le personnage concentre sur lui l'attention, se livrant à la merci du spectateur qui, partagé entre répulsion et familiarité, finit par se jouer de lui.

Ainsi le bonhomme quitte en gambadant les nimbes de la farce pour s'encadrer sagement dans le tableau des familles bourgeoises. Une généalogie imaginaire et les replâtrages plus ou moins hâtifs d'un homme de métier conduisent du Barbouillé à Dandin, d'Arnolphe à Chrysale, de Sganarelle à Sganarelle. La figure du bonhomme « bourgeois », « paysan riche » ainsi que l'appelle Molière, s'épaissit à mesure. La comédie commence sur un rythme de danse, s'organise comme un ballet et finit avec *les Femmes Savantes*, compromis entre le drame et la comédie bourgeoise. Ne nous y fions pas trop. Dans le robuste et digestif Chrysale il serait facile de repérer les conduites élémentaires et les reparties de jet dont la clownerie fait son pain quotidien. Mais la farce n'a pas raison du *Cocu Imaginaire*. La démarche sautillante, « le nez au vent, les pieds en parenthèse et l'épaule en avant [1] » c'est déjà le petit homme lunaire, presque chaplinesque et déchirant où tout tyran dérisoire de soi-même risque de se reconnaître.

De Sganarelle à Sganarelle.

Sganarelle est peut-être le rôle élu de Molière. C'est en tout cas à lui qu'il est resté le plus fidèle. Il apparaît avec *le Cocu Imaginaire* en 1660. Il disparaît avec *le Médecin malgré lui* en 1666. Sganarelle est représenté six fois en six ans. Dans les années 1664-66, au cœur de l'affaire *Tartuffe*, Molière lance coup sur coup *le Mariage Forcé, Don Juan, l'Amour médecin*, et *le Fagotier*. Trois années se sont écoulées entre ce retour en force et la précédente apparition de Sganarelle dans *l'École des maris*. Cet intervalle n'est pas vide : Sganarelle a évolué plutôt qu'il ne s'est transformé. Le satin rouge du cocu est remplacé par la serge jaune du fagotier. Pourtant Sganarelle n'ira pas se fourvoyer dans la comédie bourgeoise. S'il évolue vers Harpagon et Chrysale, il ne les rejoindra pas. Son anonymat, défendu par un sobriquet à l'italienne, le livre tout entier à la comédie. Il grossit si bien à l'usage du théâtre quelques traits marquants d'une bourgeoisie attardée qu'on lui reconnaît le visage de l'homme domestique : il est le « Bonhomme ».

Les aventures de Sganarelle tendent à se constituer en un cycle théâtral qui assurerait au protagoniste la stature du mythe. Elles n'y parviennent pas. Sganarelle reste un type mince et transparent. Il a ses ombres, ses échos, ses reflets, barbons, bourgeois de comédie ou *vecchi* de la farce, mais devient un simple prête-nom. A ses débuts, dans *le Cocu Imaginaire*, Sganarelle hante la comédie. Sans doute l'intrigue qui met aux prises le bourgeois Gorgibus, sa fille Célie et Lelie, amant de celle-ci, ne le concerne-t-elle pas. Il s'y englue bêtement, et se trouve mêlé avec sa femme à une « histoire » qui les retourne l'un contre l'autre dans une succession de malentendus. A cause de cela même, le

---

1. Montfleury - *Impromptu de l'Hôtel de Condé.*

véritable intérêt se concentre sur *l'apparence* de Sganarelle, apparence pure puisque même son cocuage est imaginaire, apparence révélatrice puisque dans le comportement du fantoche affleure l'image du petit homme bafoué par ses partenaires et par le public. Sganarelle ne crée pas la comédie et ne prétend nullement la conduire par l'intrigue.

Dans *l'École des maris* au contraire, Sganarelle pose lui-même les prémices de la comédie dont il prétend garder la conduite. D'un bout à l'autre elle se joue contre lui, mais favorise sa malchance. La satisfaction du benêt, entêté à avoir raison contre tous, croît avec l'adversité. Sa constance dans l'aveuglement le rend plus étranger que le prochain Arnolphe à sa propre aventure et fait résonner d'autant plus fort le patatras de sa déconvenue finale. Nulle leçon à tirer, nulle morale à déduire de là, mais la certitude que le personnage, tout maquillé qu'il est, entend peser son poids de chair et d'âme. Il ne hante plus la comédie, il la possède. Ainsi le veut Molière, mais non pour Sganarelle qu'il réserve à d'autres fins. Il le ramène alors à l'arrière. Dans *le Mariage Forcé*, dans *l'Amour médecin*, Sganarelle anime le jeu, mais ne se met plus en question. Il sert de prétexte à d'autres personnages, lieux communs

Thénard, dans le rôle de Sganarelle du Médecin malgré lui.
Georges Wilson, même rôle au T.N.P.

de la tradition comique : pédants et médecins à qui, depuis le lointain brouillon du *Médecin volant*, le sort de Sganarelle paraît lié. Et Sganarelle se retire dans l'ombre du théâtre, cependant que la musique, la danse et les prestiges inédits de la comédie-ballet ouvrent les perspectives de la Fête.

Le paradoxe de Sganarelle.

Dans l'intervalle il y a *Don Juan*. Nous y reviendrons, mais il faut signaler dès maintenant l'accident qui survient à Sganarelle. Il n'est pas l'éponyme, mais l'un des protagonistes de la pièce, dont il occupe vingt-six scènes sur vingt-sept. Il a le premier et le dernier mot et, sa situation renversée, n'abandonne ni ses préjugés ni ses manies.

Jusqu'alors, Sganarelle était le *maître*. Le voilà valet, archétype du valet, ombre du maître, projection de son vice, serviteur de son désir. Sganarelle était aussi le *bourgeois*, roi d'un ordre domestique défini par lui, sédentaire, propriétaire, sectateur des valeurs établies. On le voit là qui prend le parti de l'aventure la plus insatiable, la plus dépaysante ; elle le mène de contrée en contrée, de femme en femme, de défi en défi, condamné à tout connaître et à ne rien posséder.

Sganarelle n'a pas seulement quitté le bourgeois. Il a renié sa vocation fondamentale : le mariage. Père, tuteur et prétendant, mais surtout mari jusqu'à la dérision du cocuage, il est devenu le célibataire parfait.

Il sert la quête de son maître sans vivre son aventure. Du valet il a pris la bassesse. De son ancienne condition il a gardé la sottise et la sagesse du ventre. En suivant Don Juan, Sganarelle échappe à quelque chose, mais non à lui-même. La contemplation du mal l'attire et le repousse à la fois. Il arguë d'une morale, d'une religion pour vivre en retrait de Don Juan, mais il éprouve une secrète jubilation à voir bafouer en elles le « vieil homme » qu'il a voulu dépouiller. Sa présence auprès du séducteur est une perpétuelle provocation. Il est l'anti-Don Juan moins par sa défense des valeurs traditionnelles que par le relief qu'il donne au séducteur. Sganarelle est en réalité moins lâche, moins sot, moins ignoble et aussi moins bon bougre qu'il ne veut le paraître. Tout se passe comme s'il travaillait à perdre en Don Juan l'homme qu'il n'a pas pu être. Son masochisme est vain. Les forces du ciel terrassent l'homme de désir ; elles renvoient à lui-même le cupide, l'impur, le jaune. *Mes gages ! Mes gages !*

Fernand Ledoux, en Sganarelle dans Don Juan
(Comédie Française).

Quand, dans *le Médecin malgré lui*, il retourne à la farce, qui est son élément naturel, Sganarelle a perdu le masque de sa frêle présomption. Revenu de tout, il n'est plus que le joyeux drille, cynique et brutal, ivrogne, paillard et fort en gueule, pour qui le monde est un jouet et l'existence une comédie. Sympathique et grossier, plus rien en lui ne nous touche. Il est le maître du rire, mais il ne donne pas d'ailes à la comédie comme Scapin. Plus à l'aise que jamais avec son personnage, Molière semble l'avoir si bien satisfait qu'il ne se doivent plus rien l'un à l'autre.

Les soliloques du cocu.

Lié pour un temps au destin d'Alceste (on dit que son succès contribua à lancer *le Misanthrope*) Sganarelle s'évade avec *le Fagotier* sans avoir dépassé la minceur et la spontanéité du comique burlesque. A ce moment le bourgeois se sépare de lui-même et des deux directions qu'il prend, l'une le mène à l'échec, l'autre à la réussite. Dans la première il rencontre le divertissement de cour : *Georges Dandin*. Avec la seconde s'amorce l'embourgeoisement de la comédie : *les Femmes Savantes*.

Georges Dandin est au centre de la trilogie allégorique du *Jaloux*, entre Arnolphe et Alceste. Il est aussi le seul vrai cocu du théâtre moliéresque, bien que son infortune ne soit pas consommée à la chute du rideau. *Georges Dandin*, comme *Don Juan*, semble passionner spécialement l'homme de théâtre d'aujourd'hui, sans doute à cause de son comique insolite. L'amertume y perce et le rire y est en porte-à-faux. Du bonhomme traditionnel Molière garde le propriétaire foncier et le mari, mais le conflit qui éclate entre les deux débouche sur un théâtre de dérision qui surprend le spectateur attardé aux clichés des manuels.

Le poncif moderne du « pauvre type » permet d'en mieux mesurer la portée. La dérision atteint le pauvre type de l'extérieur et de l'intérieur. Bafoué par lui-même et par le monde, il tourne à son désavantage cela même qui sauve les autres. Il n'a rien et il n'est rien. Cet « aliéné » total, l'envers du héros et des princes déchus, ignore l'ultime consolation de rester « roi de ses douleurs ».

Molière et Armande Béjart dans Georges Dandin.
Frontispice de l'édition de 1669.

Georges Dandin gaspille ses chances. Toutes ses disgrâces « tournent » en rage sordide avant d'atteindre la zone où sa souffrance et la sympathie du public le rachèteraient. L'éclat de rire, énorme, est vite réduit à une gêne que les contemporains semblent avoir connue les premiers. Georges Dandin est invulnérable, retranché derrière sa revendication de propriétaire et de mari, aliéné mais non démuni, et bafoué, plus que par tout autre, par son créateur et interprète.

Dandin éveille la gaieté par des traits qui le discréditent : la brutalité, la bassesse, la vanité. Ni la sottise des Sottenville, ni la perversité d'Angélique, ni le libertinage de Clitandre ne suffisent à les compenser. Par le théâtre, Molière rend compte de l'état social, confrontant aux dépens l'une de l'autre la noblesse ruinée et asservie et la bourgeoisie opulente. Elles convoitent dans un mépris réciproque l'une la réalité des richesses, l'autre la formalité des titres. Molière n'a fait que saisir au vol une occasion de succès, en réussissant à raviver le vieux cliché de la jalousie du barbouillé par le thème actuel de la mésalliance.

Dans la controverse des titres et des biens, le patrimoine de Georges Dandin se défait. Et son être suit la dégradation de son avoir. Ils ont même mesure : le bien dilapidé, la maison inhabitable et les mouvements de son âme *(la liberté de ressentiment)* sont soumis à l'inégalité de la condition. Cette inégalité entre le noble et le bourgeois, entre le maître et le serviteur, entre l'homme et la femme, entre le père et les enfants, hante le bourgeois de Molière, qui tantôt s'en repaît, tantôt décide de la compenser par le luxe, le déguisement ou la mésalliance. L'échec de Dandin condamne tous les autres truquages. En se mésalliant, Georges Dandin a compromis son identité nominale, sa raison sociale de paysan riche. *On s'offense de porter mon nom.* Et c'est une dérision supplémentaire pour ce nom d'être déguisé en titre : *De quoi y ai-je profité, je vous prie, que d'un allongement de nom et au lieu de Georges Dandin d'avoir reçu par vous le titre de M. de la Dandinière ?* Il semble qu'il se défende en s'interpellant lui-même. Chacune des apostrophes qui jalonnent la pièce de façon bouffonne est une reprise que le bonhomme exerce sur lui-même et sur autrui.

Vous l'avez voulu, Georges Dandin, vous l'avez voulu.

Georges Dandin, vous avez fait une sottise la plus grande du monde.

64

Georges Dandin se traite en responsable de la situation, en ennemi de lui-même ; il réaffirme sa fidélité à l'évidence sensorielle, à la preuve du toucher et du voir que ses pareils ont coutume de revendiquer. Quand il veut prouver formellement sa disgrâce, alors qu'il prétend utiliser la seule évidence du flagrant délit, sa partenaire réussit toujours à retourner les apparences contre lui. Dandin est mis en tort constamment, jusqu'à l'absurde, et finalement par une dernière contorsion, pris lui-même en flagrant délit, en posture de coupable.

La construction de la comédie, dont chaque acte tombe sur le soliloque du personnage (solitude - confidence - apostrophe personnelle), souligne l'évolution dramatique de son cas. De la colère il passe au dégoût puis au désespoir. Lorsqu'enfin le frôle l'idée du suicide, aussitôt neutralisée par le recours au proverbe, il se heurte au théâtre : la musique, le ballet, les masques l'emportent démantelé. Molière sacrifie cette loque au plaisir royal.

Mon corps est moi-même.

Molière ne cherche pas à embellir le rôle du bourgeois. Si la tyrannie domestique de ce dernier ne détourne pas la comédie vers le drame, c'est à cause de sa prétention dérisoire à conquérir la sagesse en ressassant quelques vérités premières. Le bonhomme est un discoureur, non un sage. Il est moqué et chassé de la comédie par le *ouf !* d'Arnolphe et par le ballet qui entraîne Dandin.

Chrysale est son avatar le plus surprenant. S'il fait rire, celui-là n'est jamais ridicule. Il gagne la sympathie du public et procure au prototype du bourgeois son unique victoire. Encore est-elle en porte-à-faux puisque c'est non la doctrine, mais la personnalité de Chrysale qui va l'emporter sur le clan des faux-savants et sur le parti de la modération, représenté par Cléante. Si Georges Dandin préfigure le « pauvre type » que Molière voue à l'échec, sans aller toutefois au bout d'une critique subversive, Chrysale surgit à l'instant où Molière, après l'avoir souvent bafouée, éprouve le besoin de s'appuyer sur une humanité moyenne pour affronter la malfaisance des imposteurs. Chrysale se définit par son corps et prend le parti

LES FEMMES SAVANTES.

CHRYSALE.

J'aime fort le repos, la paix et la douceur.

de la matière contre ceux qui tentent de la subtiliser au nom de l'esprit.

Oui, mon corps est moi-même, et j'en veux prendre soin. Chacun garde en mémoire les répliques par lesquelles Chrysale se présente comme un résumé de l'humanité moyenne qui n'est du côté ni des faux-monnayeurs, ni de l'honnête homme tel que le définissent Cléante et Ariste.

Du matérialisme à la grivoiserie, en passant par l'amitié et l'attendrissement facile, la mentalité boutiquière est provisoirement admise par Molière. Si Chrysale était fort, il serait odieux. Il est sauvé par sa « bonté d'âme » qui le met en minorité. Et sa décision d'être adulte marque le tournant de l'action.

Et je m'en vais être homme à la barbe des gens.

C'est pourquoi, encore mal assuré de lui-même, dans une des scènes les plus fortes de la comédie, il éprouve le besoin de passer en revue sa situation d'homme, de maître, de vainqueur :

CHRYSALE

> *...Me croit-on incapable*
> *Des fermes sentiments d'un homme raisonnable ?*

HENRIETTE

> *Non, mon père.*

CHRYSALE

> *Est-ce donc qu'à l'âge où je me vois*
> *Je n'aurais pas l'esprit d'être maître chez moi ?*

HENRIETTE

> *Si fait.*

CHRYSALE

> *Et que j'aurais cette faiblesse d'âme*
> *De me laisser mener par le nez à ma femme ?*

HENRIETTE

> *Eh ! non, mon père.*

CHRYSALE

Ouais ! qu'est-ce donc que ceci ?
Je vous trouve plaisante à me parler ainsi.

HENRIETTE

Si je vous ai choqué, ce n'est pas mon envie.

CHRYSALE

Ma volonté céans doit être en tout suivie.

HENRIETTE

Fort bien, mon père.

CHRYSALE

Aucun, hors moi, dans la maison
N'a droit de commander.

HENRIETTE

Oui, vous avez raison.

CHRYSALE

C'est moi qui tiens le rang de chef de la famille.

HENRIETTE

D'accord.

CHRYSALE

C'est moi qui dois disposer de ma fille.

HENRIETTE

Eh ! Oui.

CHRYSALE

Le ciel me donne un plein pouvoir sur vous.

HENRIETTE

Qui vous dit le contraire ?

CHRYSALE

Et pour prendre un époux,
Je vous ferai bien voir que c'est à votre père
Qu'il vous faut obéir, non pas à votre mère.

HENRIETTE

Hélas ! Vous flattez là le plus doux de mes vœux ;
Veuillez être obéi, c'est tout ce que je veux.

CHRYSALE

Nous verrons si ma femme, à mes désirs rebelle...

L'outrage au bonheur.

Le bourgeois de Molière réduit le monde à sa masse de matière, l'homme à son poids de chair et d'entrailles, et l'histoire au résumé des vertus ancestrales. Cependant il est gourmand et libre devant la vie. Son allure autoritaire traduit moins un préjugé social qu'un appétit conquérant. S'il recourt si souvent aux métaphores culinaires, c'est que la matière du monde, pour être possédée, doit être cuisinée, ingurgitée, digérée. Mais l'univers du bourgeois ne concerne que lui. C'est un accapareur plus qu'un conquérant. Il n'agit pas sur le monde mais donne des preuves de lui-même. S'il parle (et il parle volontiers), son discours, celui d'Arnolphe ou de Chrysale, est toujours un éclat, un geste. Drapé dans la majesté du théâtre, il jouit de son reflet amplifié par la surprise ou l'indignation de son interlocuteur. C'est la plus haute promotion du bonhomme, la plus forte tension du personnage, qui transforme en public ses propres partenaires. Il y a donc une disparité entre ces galops oratoires et les tirades des raisonneurs qu'on a voulu présenter comme les porte-parole de Molière. Que Chrysalde de *l'École des Femmes*, Cléante de *Tartuffe*, Philinte du *Misanthrope*, Béralde du *Malade Imaginaire*, ou leur précurseur Ariste de *l'École des maris* (« le meilleur », celui qui raisonne « le mieux ») proposent une sagesse précise, ne paraît guère contestable. Que cette sagesse soit précisément celle de Molière l'est davantage. D'abord elle est superficielle et concerne le seul comportement de l'individu et sa relation à autrui. C'est plus une hygiène qu'une morale, plus un code mondain qu'une exigenre intérieure. Tout indique que Molière participe davantage à la tension entre Chrysale et Alceste qu'à cet équilibre mesuré que proposent les discoureurs. Ses démêlés avec les puissances de son temps ont pu lui donner la nostalgie de cette prudence habile, de cette sagesse calculatrice. Qu'importe ! Les sages proposent et Molière dispose en allant droit à la franchise de vivre, à la manifestation de soi, à ce que les libertins, ses amis, appelaient la Nature. Le bourgeois n'est pas un modèle proposé, mais une tentation complaisamment frôlée, constamment repoussée.

L'humanité exemplaire de Molière, on serait sûr de la rencontrer parmi des êtres entièrement occupés à la tâche de vivre avec l'estime d'eux-mêmes : sensibles, un peu seuls, souvent menacés par cela même qui provoque le rire et fait le sujet de la comédie. Ils ne discourent pas. Ils ont la sagesse, parce qu'ils ne trichent pas avec la vie. Et ce sont toujours des femmes, maîtresses ou servantes, rieuses ou graves, fragiles ou fortes, jeunes ou mûries par l'âge.

Deux de ces femmes se détachent des autres. Chez la première, l'admirable Elmire de *Tartuffe*, la dignité enjouée domine. Chez l'autre, Madame Jourdain, c'est la franchise et la simplicité. Mais elles montrent la même ardeur à défendre ce qui est le mieux accordé à la vie. Dans l'une et l'autre Molière semble avoir mis toute sa nostalgie de l'épouse, de la sœur et de l'amie. Elles sont d'accord avec toutes les Nicole et toutes les Toinette, fortes en gueule et fertiles en stratagèmes, pour défendre le bonheur des enfants. Deux êtres qui se défendent ; comme si tout bonheur était menacé par la folie de l'homme. Et plus l'être est démuni devant cette menace, plus il est assuré d'avoir la tendresse de Molière.

Celui-ci croit à la vertu du bonheur, de la jeunesse, des amours juvéniles, comme si la sagesse du monde se résumait en eux ; mais aussi en la certitude de leur extrême fragilité. Les dépits amoureux, sincérités imaginaires et cruautés feintes, sont de subtiles mises en question du bonheur d'aimer. Le caprice et la coquetterie n'empêchent pas un accord profond. La naïveté donne une fraîcheur de commencement perpétuel et l'inconstance est un démon exclu. On y chercherait en vain la mélancolie désabusée de Watteau ou de Marivaux.

Là n'est donc pas la vraie menace. Elle est dans le thème des amours contrariées, vieux truc de la tradition comique auquel Molière a donné un tel accent qu'il n'est pas le prétexte, comme on le soutient couramment, mais le motif profond de ses comédies. Même dans les plus élémentaires de ses farces, les jeunes filles de Molière défendent leur bonheur avec une grâce enfantine et une sauvagerie animale. Le père, le barbon, n'intervient plus gratuitement, pour le seul bénéfice de la mécanique théâtrale. C'est la folie de l'adulte, ou son vice, qui jette entre les amants ces masques monstrueux, Tartuffe, Trissottin, Diafoirus, Harpagon. Au moment où l'instinct du bonheur oppose l'enfant à l'imposteur, à l'intrigant, au père libidineux, l'humanité du comique moliéresque touche au drame. Ne faut-il pas conclure que c'est ce perpétuel outrage à la vie neuve que Molière pardonne le moins au vice adulte ?

L'École des Femmes (Comédie-Française; mise en scène : J.-P. Roussillon)
Isabelle Adjani et Michel Aumon.

Sagesse et discours.

Lorsque Molière interroge le seul visage humain de la vie, le bonhomme et le raisonneur s'affrontent sans parvenir à se comprendre. Ariste, Philinte, Cléante ressassent les maximes d'une sagesse où les notions d'extrémité, de milieu, de juste milieu reviennent sans arrêt. Cette sagesse, on peut l'appeler prudence, tolérance, savoir-vivre ; ou bien y voir la préfiguration de ce *réalisme* devenu le masque inavoué de l'opportunisme.

Milieu, extrémités, traitable, sont les mots sur lesquels le raisonneur s'exerce, usant et abusant de la métaphore, de la répétition, de la paraphrase pour dérouler les litanies d'une morale sans expansion. Cet emploi mécanique du langage rattache le comique moliéresque à la farce qui lui a fourni ses quatre éléments : le bruit, le geste, le masque et l'accessoire. Il arrive ainsi que le théâtre éprouve le besoin de parler pour ne rien dire, pour vérifier sa voix, pour déclencher une mécanique de bruits, incidents divers, galopades, chutes, coups, éclats de rire collectifs.

Lorsque son langage ne renie pas la farce, les mots retrouvent en lui leur triple fonction de bruits matériels, de signes intellectuels et de sons agréables. Le clown confond à dessein les signes et les bruits, parlant à grand renfort de trompes, de percussion, ou de sifflets, ou bien usant de mots détournés de leur sens, d'accents qui renversent l'ordre des choses. Les comédiens italiens, impuissants à se faire comprendre du public parisien autrement que par gestes, gardèrent leur charabia pour fond sonore de la pantomime, avant d'introduire quelques vocables français et de jouer pour finir sur les rencontres saugrenues de sonorités intraduisibles.

Molière a souvent mis à nu la carcasse sonore du langage. Il le transforme en mécanique à faire rire, sans se payer exclusivement de bons mots ou de calembours. Dans les ébauches de sa période voyageuse, il laisse des scènes entières à la discrétion de l'acteur. Les mots importent peu et c'est l'enchevêtrement des disputes qui enlève au sommet du comique les philosophes de la *Jalousie du Barbouillé* ou les professeurs du *Bourgeois Gentilhomme*.

Dans une thèse récente, on a soutenu que Molière par son génie même a épuisé les ressources d'une « fantaisie verbale » dont la tradition remonte au Moyen Age. Or à mesure que Molière élargit sa vision, la fantaisie verbale développe ses vertus de dislocation et de dérision. Il y a loin des accents provinciaux ou étrangers, des langages imaginaires vaguement empruntés à l'Italie, à l'Espagne ou à la Turquie, dont la cérémonie turque du *Bourgeois Gentilhomme* est l'apothéose, à certains traits plus audacieux. On peut encore admettre que le délire de Pourceaugnac passe pour une pure mécanique de rire :

Des médecins habillés de noir. Dans une chaise.

Tâter le pouls. Comme ainsi soit. Deux gros joufflus. Grands chapeaux. Bon di, Bon di. Six pantalons. Tara tata.

Mais, lorsque, dans *Georges Dandin*, Lubin dit à Claudine : *Si tu veux, tu seras ma femme, je serai ton mari, nous serons mari et femme,* on ne peut éviter le rapprochement avec certains discours des défenseurs du bon sens; ainsi la fameuse sortie de Cléante :

Hé quoi ! Vous ne ferez nulle distinction
Entre l'hypocrisie et la dévotion ?
Vous les voulez traiter d'un semblable langage,
Et rendre même honneur au masque qu'au visage ;
Égaler l'artifice à la sincérité,
Confondre l'apparence avec la vérité,
Estimer le fantôme autant que la personne,
Et la fausse monnaie à l'égal de la bonne?

Redondance, redoublements, accumulations d'images s'ajoutent à la lourde régularité des alexandrins. Molière passe du jargon au discours, du délire verbal à l'exposé doctrinal. Et d'ailleurs, le problème du langage, de ses insuffisances, de ses abus, de ses déformations, semble avoir donné naissance à toute une série de personnages : les muets à qui il faut rendre la parole, les docteurs ivres de vocabulaire technique, les femmes savantes à la recherche d'un super-langage dégagé de toute fin utilitaire, et surtout Monsieur Jourdain, l'homme sans langage mis en face du professeur de philosophie, l'homme de la parole. Mais il est rare que la comédie donne raison au raisonneur. Lorsque le rideau tombe, Harpagon caresse sa cassette comme une amante, Jourdain reste dupe et Orgon tombe d'un excès dans l'autre, pendant qu'Alceste fuit vers le désert.

Pourtant *Don Juan* nous apporte une indication supplémentaire. Avec une ambiguïté plus grande, et compte tenu de son rôle de premier comique, Sganarelle remplace le raisonneur.

Lorsque les audaces de Don Juan, lorsque le jeu de la liberté dangereuse ont franchi toutes les bornes, débarrassant Sganarelle de ses scrupules et de sa couardise, le valet entreprend à son tour de définir sa sagesse. Le geste ne l'entrave plus. Il se livre à la résonance des mots, au mécanisme des clichés, comme Ariste, comme Philinte, comme Cléante.

Sachez, Monsieur, que tant va la cruche à l'eau, qu'enfin elle se brise : et comme dit fort bien cet auteur que je ne connais pas, l'homme est en ce monde ainsi que l'oiseau sur la branche, la branche est attachée à l'arbre, qui s'attache à l'arbre suit de bons préceptes, les bons préceptes valent mieux que les belles paroles, les belles paroles se trouvent à la cour. A la cour sont les courtisans [...] et par conséquent vous serez damné à tous les diables.

Dans la « fatrasie » de *Don Juan*, dans cette extraordinaire rencontre d'Ariste et de Pancrace, ce sont tous les sages de ses comédies avec tous leurs discours que Molière discrédite.

Les valeurs compromises.

Tout le bonhomme est déjà dans Sganarelle : l'économie bourgeoise, la tyrannie mesquine et le masque derrière lequel il dissimule sa misère. La réussite bourgeoise est menacée par l'ennui. Tout se passe comme si le bonhomme menait un combat sans répit pour échapper à l'équilibre de Chrysale. C'est facile. Les valeurs, sur lesquelles il fonde son confort, l'honneur conjugal, l'argent, l'honorabilité, la religion, la santé, sont prêtes à le trahir. Tendu pour les défendre, il échoue dans ce gaspillage immodéré qui constitue la folie comique d'Arnolphe, d'Harpagon, de Jourdain, d'Orgon et d'Argan. L'échec d'Arnolphe consiste en ce que l'amour, évincé par l'éducation, la morale, l'autorité bourgeoise, reste anodin chez Agnès et chez Horace et devient chez lui une passion. Agnès vit l'amour sans le reconnaître (ainsi l'ingénuité trahit celui qui en est responsable) tandis qu'Arnolphe subit l'amour malgré lui. Il enrage comme Dandin mais il souffre comme Alceste :

J'étais aigri, fâché, désespéré contre elle ;
Et cependant jamais je ne la vis si belle,
Jamais ses yeux aux miens n'ont paru si perçants,
Jamais je n'eus pour eux des désirs si pressants ;
Et je sens là dedans qu'il faudra que je crève,
Si de mon triste sort la disgrâce s'achève.

Il n'y a pas de conciliation possible entre Dandin et Alceste. Arnolphe, qui est leur synthèse préalable et que Molière emprisonne dans le cadre d'une mésaventure proche de la farce, serait demeuré une figure bâtarde, si, par un trait de génie, Molière ne l'avait disloqué sous les yeux du spectateur, le barbouillant de son délire :

Enfin à mon amour rien ne peut s'égaler.
Quelle preuve veux-tu que je t'en donne, ingrate ?
Me veux-tu voir pleurer ? Veux-tu que je me batte ?
Veux-tu que je m'arrache un côté des cheveux ?
Veux-tu que je me tue ? Oui, dis si tu le veux.

Le retour du personnage à la marionnette, son silence ahuri pendant les révélations qui couronnent sa disgrâce, le *ouf !* d'Arnolphe qui ponctue sa fuite, cette confiance qui est faite au jeu muet du comédien, consomment la débâcle de l' « *homo conjugalis* ».

Monsieur Jourdain pousse à l'absurde l'ambition bourgeoise de tout acquérir à prix d'argent : la considération, les titres, les belles manières. Si son pouvoir défaut parce qu'il ne se voit pas comme les autres le voient, si son délire l'enferme dans une solitude totale, il se crée un univers à lui où tout devient déguisement : les beaux habits, le beau langage et les gestes élégants. Il est donc normal de finir en apothéose sur la cérémonie turque, jeu du travestissement avec ses oripeaux, son galimatias et ses salamalecs. Orgon que sa dévotion fourvoie est avec Sganarelle de *Don Juan* la figuration bourgeoise la moins orthodoxe qu'ait osée Molière.

Harpagon, bouffon de franche comédie, fait pourtant entrer dans son jeu la toux mortelle de Molière. Dans ce lieu, qui confond le tréteau italien remis en place par Vilar, et l'intérieur bourgeois des présentations coutumières, mais dont seul Charles Dullin semble avoir trouvé le centre de gravité, se joue un jeu terrible et endiablé qui est celui de la dépossession. Le père sans tendresse, l'amoureux sans amour, le maître sans indulgence, l'usurier sans scrupule, se voit par les contrecoups de la comédie dépossédé de ses enfants, de ses serviteurs, de sa maîtresse, et pour finir de l'argent lui-même sous le pouvoir duquel il s'est placé.

Trois interprétations du rôle d'Harpagon, du XVIIᵉ au XIXᵉ siècle.

Sur le prix de la santé le bourgeois insiste complaisamment. La race des bourgeois de Molière est robuste, mais pleine d'attentions pour elle-même. Le soin de la santé devient vite la peur de la maladie, et la prévoyance se change en idée-fixe. Elle suscite autour d'elle l'apparition magique des médecins à grands chapeaux, des apothicaires à clystères et tout l'appareil de la bouffonnerie musicale. Roi de sa maladie, mais ombre de lui-même, tandis que se poursuit le débat entre une médecine formaliste, et la science qui progresse, Argan devient le jouet élu du hasard qui le met à même de mimer une maladie et une mort moins imaginaires qu'on ne croit.

Le héros prosaïque.

Loin de résoudre les contradictions que nous avons signalées plus haut, le « bonhomme » les exaspère. Et c'est heureux pour nous puisque le comique trouve là sa meilleure chance. De la prudence de Poquelin, il fait le positivisme de Chrysale ; du menu grain du baladin naît un germe paradoxal dans le crâne du bourgeois qui éclate en libérant les joyeux délires de Jourdain, d'Harpagon, d'Argan, ce gaspillage énorme par lequel Sganarelle se livre à l'aventurier.

Ce n'est pas seulement ce dissentiment intime que le « bonhomme » utilise pour sa jonglerie. Il donne à Molière la caution des vertus que ses travers n'étouffent pas. S'il s'assure la propriété des biens de ce monde, il en use généreusement. Arnolphe donne sa bourse au premier venu, Chrysale sa fille au prétendant pauvre, Jourdain distribue sans compter, Orgon entretient Tartuffe puis se dépouille pour lui. Sans doute la vanité et l'extravagance trouvent-elles ici leur compte. Cependant, si la couardise ou la forfanterie l'obligent à se déguiser, il le fait grossièrement, naïvement, et saisit la première occasion de « jeter bas le masque ». Face aux prudes, aux pédants, aux hypocrites, aux habiles, il est cru, ignare, franc et maladroit. Son hédonisme est brutal, sa gourmandise, sa grivoiserie sont le signe d'une vitalité saine. Malgré ses bourrades, Molière salue en ce petit homme dérisoire le dynamisme de la classe montante. Promotion décisive : la bourgeoisie française trouve grâce à lui son expression au théâtre, alors que son homologue hollandaise vient de se voir glorifiée par les plus grands peintres du temps. Le bourgeois de Molière se situe entre Franz Hals et Rembrandt. A cette heure de l'histoire, il représente le progrès. Dès demain, la façade orgueilleuse du règne masquera mal l'affreuse misère qui gronde. Molière ne sera plus là. Du moins se met-il à dépouiller l'homme des grands sentiments et des angoisses obscures. Tout dans le champ de Chrysale refuse le héros cornélien et la nuit mystique de Pascal. Mais Corneille décline et Pascal est mort. Le rationalisme gagne et Racine réduit la tragédie aux dimensions du cœur. Alors Molière crée un théâtre dont le caractère *civil* s'oppose autant à l'héroïque qu'au religieux. « Le dialogue Pascal-Molière au pied d'une croix, qu'imaginait Sainte-Breuve, devrait se compléter par un dialogue Corneille-Molière devant une épée » (Ramon Fernandez).

Avec toute la lucidité de sa vision comique, Molière s'oppose à la redondance de l'héroïque, au mystère du sacré. Veut-il interdire tout dépassement à l'homme ? Ou plutôt ne prétend-il pas lui faire accepter d'abord sa banalité ? Si le désaccord de la raison et de la vie, de l'idéal et du réel sont l'évidence même, et si le ridicule en est le prix, alors il n'y a pas place pour la tragédie, et la démarche comique ne prétend plus rien compenser. Elle est la riposte de Molière aux menaces de planification abstraite que Colbert fait peser sur l'art, l'économie et la politique, bafouant les êtres et les choses pour formuler des règles, définir des formes, substituer des allégories et organiser autour d'un monarque d'apparat le cérémonial de l'intelligence asservie et de l'énergie policée.

La tragédie, les règles, la versification sont l'antithèse du comique moliéresque. La victoire de la comédie, la victoire de la prose, Molière les a remportées sur son siècle et sur lui-même. Le « bonhomme », héros prosaïque, découvre enfin la vertu de son langage quotidien — *Quoi ? quand je dis : « Nicole, apportez-moi mes pantoufles et me donnez mon bonnet de nuit », c'est de la prose ?*

LA
COMEDIE DES COMEDIENS

Les
Comediens
duRoy

A PARIS

L'ÉTRANGE ENTREPRISE

Si Molière n'avait pas écrit *Tartuffe*, *Don Juan* et *le Misanthrope*, il vivrait sa gloire posthume en compagnie d'Aristophane, de Plaute et d'autres bons ouvriers du rire. Mais cette trilogie lui donne pour compagnons les génies solitaires, Eschyle ou Shakespeare, dont l'envergure exalte et la profondeur inquiète. Cette promotion s'étend à l'ensemble de son œuvre, bien que les plus menus divertissements de Molière aient une saveur propre qui ne gagne rien à être mêlée aux controverses des Trois Grands.

Cette victoire-là, Molière l'a payée cher sans être certain de l'avoir remportée. Il ne songeait guère à disputer un championnat dans l'éternité. Il se battait dans le temps, *son* temps, s'étonnant seulement d'avoir à le faire si durement, pour imposer son talent, amuser dignement le peuple et faire vivre ses compagnons. Il n'avait pas prévu d'allumer dans l'opinion des forces aussi explosives. Il eut des protecteurs puissants et très tôt l'amitié du roi. Mais le roi lui-même ne pouvait rien contre les insaisissables. « Les dévots sont gens implacables. » Bien plus, il comptait sur des hommes comme Molière pour les réduire sans se compromettre.

Assez clairvoyants pour mesurer le danger malgré des débuts discutés, les Grands Comédiens lancèrent la cabale. Puis vint, aussi banale, la riposte des précieuses et des gens de

entrée de l'Hôtel de Bourgogne.

lettres à la farce qui les ridiculisait. Plus surprenant est le ton que prit la dispute, ici et là. Un « alcoviste de qualité » réussit à faire interrompre les représentations ; ce recours à l'autorité est significatif. Molière a beau protester qu'il ne prétend pas rivaliser avec *les fameux comédiens,* qu'il respecte *les véritables précieuses* et reste *dans les bornes de la satire honnête et permise,* il doit se rendre à l'évidence : déjà son comique éveille des échos insolites et le jeu du théâtre est faussé.

Avec *l'École des femmes* en 1662, la cabale met les dévots dans le coup. Elle était jusqu'à ce moment frivole. Avec les dévots elle devient une menace redoutable qui ne cessera plus de peser sur Molière.

La querelle de *l'École des femmes* dure toute l'année 1663. Polémique littéraire où les Donneau de Visé, Boursault, Robinet, Montfleury, rivalisent de bassesses ; ripostes de Molière avec *la Critique de l'École* et *l'Impromptu de Versailles* ; sévices corporels auxquels se livrent de grands seigneurs comme le Chevalier d'Armagnac ou le Duc de Feuillade. Obscénité, impiété, jalousie, cocuage, inceste, Molière entend naître les accusations les plus infâmantes. En mai 1664, il joue à Versailles la première version de *Tartuffe.* Après une intervention de l'archevêque Hardouin de Péréfixe, la pièce est interdite.

Un itinéraire strict conduit des *Précieuses* au *Misanthrope,* sans qu'on puisse parler d'une entreprise concertée. Par une farce dont l'apparence ne tranchait pas immédiatement sur la production contemporaine, Molière venait d'ouvrir l'œil du théâtre sur le monde. « Courage, courage, Molière ; voilà de la bonne comédie ! » Le vieillard qui, selon Grimarest, donna cet encouragement à la fin d'une représentation, lançait Molière sur une piste dangereuse. De même La Fontaine avertissant son ami à la suite des *Fâcheux :*

« Et maintenant il ne faut pas
Quitter la nature d'un pas. »

Molière sait de quoi il est question : sans brouiller la transparence de ses créatures imaginaires, décocher à travers elles une vérité qui blesse l'homme du siècle, faisant jaillir le rire. *C'est une étrange entreprise que celle de faire rire les honnêtes gens !* Molière se ménage du temps. Sganarelle est là, qu'il prévoit déjà défaillant à la tâche. Arnolphe marque un point mais Molière est encore surpris des réactions provoquées.

Alors seulement il mesure l'ampleur de son projet et s'en explique dans *la Critique de l'École des femmes* :

Lorsque vous peignez les hommes, il faut peindre d'après nature. On veut que ces portraits ressemblent, et vous n'avez rien fait si vous n'y faites reconnaître les gens de votre siècle. Nature, portrait, *son* siècle : Molière est pris au piège. Le sérieux de l'actualité interdit au baladin la poursuite sereine de son jeu et fait du théâtre une provocation. L'œuvre de Molière est un refus de l'anonymat, de l'irresponsabilité, de l'intemporel. Il met en cause des conduites concrètes.

La comédie de Scaramouche joue le ciel et la terre, dont ces messieurs-là ne se soucient point ; mais celle de Molière les joue eux-mêmes. C'est ce qu'il ne peuvent souffrir. (Préface de *Tartuffe*). La fièvre de vérité importe à Molière plus que la vérité elle-même. Le personnage est une créature hybride qui vit entre l'auteur et le spectateur. Il résiste à l'un et à l'autre et Molière ne peut empêcher que le public s'empare de la créature inventée, l'identifie, l'interroge, l'accuse. A la sortie le public emmène avec lui le démon de la lucidité. Il retourne à la vie banale comme au spectacle, avec des yeux pour voir, des oreilles pour entendre et un rire qu'il a affûté à la comédie. En levant le masque des fantoches, en braquant sur eux le plein feu du regard unanime, celle-ci les a privés de leur sérieux, a fait œuvre subversive. Voilà le « frisson nouveau » que Molière apporte au théâtre. Par sa nouveauté même et par son ampleur, il expose Molière au déchaînement des forces vindicatives. Elles tentent de le liquider par le mensonge et la traîtrise. Elles établissent des équivalences frauduleuses entre l'œuvre, la vie privée et les responsabilités sociales. Molière sent si fort qu'une seule menace pèse sur lui et sur le théâtre, qu'il confond dans la même démarche la réhabilitation de la comédie, la réalisation de son œuvre et la défense de sa vie intime. Cerné par la mauvaise foi, il fonde sur le mensonge poétique une entreprise de vérité.

Aucune de ces pièces ne passe pour un chef-d'œuvre : le dénouement de *Tartuffe*, le défaut d'unité de *Don Juan* et le manque d'action du *Misanthrope* ont choqué les critiques qui masquaient ainsi leur dépit devant des œuvres rebelles. Mais Tartuffe, Don Juan, Alceste n'ont aucune commune mesure avec les protagonistes des autres pièces. Même absents, ils occupent la scène. Tel n'est pas seulement le cas de Tartuffe qui ne paraît qu'au troisième acte, mais aussi celui de Don Juan et d'Alceste. Ce trio fait le vide autour de lui. Dans le mal ou le bien, le mensonge ou le vrai, adossés l'un à l'autre, ils se font des signes, chacun étant aux prises avec une partenaire privilégiée : Elmire, Elvire ou Célimène, solidaires l'un de l'autre dans l'ordre même où ils se succèdent. Tartuffe commence, qui est l'anti-Molière ; Alceste finit, qui est son double ; Don Juan les joint l'un à l'autre, mimant un instant le jeu de l'imposteur pour faire entendre la grande protestation d'Alceste. Dans l'intervalle, à peine les menus jeux de *la Princesse d'Élide* et de *l'Amour Médecin*.

Personnages en quête d'auteur, Don Juan, Tartuffe et Alceste ont vécu dans l'intimité de l'homme Molière. Ils sont ensemble la réponse espérée et le piège redouté. Quand ils paraissent, le drame est près de l'emporter sur la comédie. Le théâtre revendique le droit au mensonge. Que se passe-t-il quand le mensonge embraye une machinerie monstrueuse autour de l'artiste qui vient de rencontrer l'exigence de la vérité ? Ce ne sont plus les idées qui sont vraies mais les êtres. Chercher la vérité de Molière dans les discours des raisonneurs est absurde parce que ceux-ci sont les réceptacles des idées reçues. Ne pourrait-on dire à la rigueur que la vérité est absente de ce théâtre autrement que sous la forme d'un espoir déçu, d'une promesse menacée, d'une exigence insatisfaite ?

ramouche enseignant,   Elomire estudiar

L e dévot est la figure blasphématoire du menteur. Il aggrave l'imposture par le chantage religieux. Molière l'appelle un faux-monnayeur. Au moment où il envahit la vie et le théâtre de Molière, le dévot empoisonne l'histoire depuis soixante ans. Lancé par la Contre-Réforme, protégé par l'Espagne catholique dont il a soutenu le parti dans les luttes nationales, le dévot a formé vers 1627 l'inquiétante Confrérie du Saint Sacrement, surnommée bientôt *la cabale des dévots*. Le Prince de Conti, ancien protecteur de Molière, le président de Lamoignon, l'archevêque Hardouin de Péréfixe en font partie. Richelieu puis Mazarin ont vainement tenté d'abattre les Confrères. Ceux-ci haïssent le théâtre et en 1643 l'un d'eux, Olier, curé de Saint-Sulpice, a obligé L'Illustre Théâtre à quitter le territoire de sa paroisse. En 1658, ils provoquent des troubles en Normandie et des plaintes à Bordeaux. En 1660 « Paris est plein de faux-prophètes » (Guy Patin) qui se mêlent de politique, dénoncent les épouses aux maris, séquestrent les femmes et les jeunes filles.

En ces débuts du règne personnel, le dévot, « devenu un type social comme l'ermite ou le moine au Moyen Age » (Antoine Adam) défigure le visage royal du régime. Il représente la vieille Cour d'Anne d'Autriche en lutte contre les excès du jeune roi. Mais il pourrit surtout le milieu du siècle,

clandestinité sordide contre le faste glorieux, aigreur austère parmi le déchaînement des plaisirs et des jeux. Versailles se construit malgré la cabale que Molière et Lulli bafouent par *Les Plaisirs de l'Ile enchantée* comme par *Le Tartuffe*. Colbert n'aime pas les dévots, mais il est lié aux Jésuites dont la cause rejoint la sienne. C'est donc contre lui, contre eux et contre la reine mère qu'est mis en circulation *le Livre abominable* auquel Molière dut avoir quelque part. L'opposition des libertins est à la fois religieuse (elle défend Port-Royal), politique (elle attaque Colbert), artistique (elle conteste Lebrun). La disparition de la cabale, à laquelle le coup fatal fut porté moins par *Tartuffe* que par les suites de l'affaire *Tartuffe*,

LES PLAISIRS
DE L'ISLE
ENCHANTÉE.
COURSE DE BAGUE;
COLLATION ORNÉE DE MACHINES;
COMEDIE, MESLÉE DE DANSE
ET DE MUSIQUE;
BALLET DU PALAIS D'ALCINE;
FEU D'ARTIFICE:
ET AUTRES FESTES GALANTES
ET MAGNIFIQUES,
FAITES PAR LE ROY A VERSAILLES,
LE VII. MAY M. DC. LXIV.
ET CONTINUÉES PLUSIEURS AUTRES JOURS.

n'entraîne pas celle des dévots. Ils auront le triomphe discret et morne. Saint-Simon verra se décomposer puis choir le masque, lambeau par lambeau, dans le sarcasme, la misère et le sang. Mais Saint-Simon était encore au berceau lorsque se produisirent les événements-clefs (mort de Molière, silence de Racine, pontificat de Boileau), après lesquels les dévots contribuèrent à liquider les grandes aventures de l'héroïsme et de la foi dont le siècle ne voulait plus. Leur succédèrent pour les caricaturer le cortège des « misères de la guerre », la persécution des Jansénistes et la révocation de l'Édit de Nantes. On savait quels étaient les maîtres d'un monarque qui se voulait absolu.

La prude.

La prude est restée en suspens dans le théâtre de Molière. Son type ne prend forme qu'en présence du directeur de conscience ; c'est donc Tartuffe, non Arsinoé, qui joue la comédie de l'imposture. Mais la définition que Molière donne de la prude, avec laquelle il compromet la précieuse et la femme savante, touche de trop près à Tartuffe pour qu'on ne s'y arrête pas un instant.

Les Femmes Savantes (T.N.P.) : Jean Vilar et Zanie Campan.

Armande n'est pas la bégueule outrée qu'on représente traditionnellement. Entre Philaminte que dessèche l'orgueil de savoir et de commander, et Bélise que son délire transforme en folle du logis, Armande subit la pruderie comme un tourment solitaire. Pour déprécier le réel, elle emploie le vocabulaire de l'écœurement : *dégoûtant, sale, grossier, vulgaire*, écœurement provoqué par tout ce qui évoque le désir charnel *(sales désirs, sale vue, appétit grossier, amours grossières)*. Elle oppose en des antithèses précieuses le vulgaire et le noble, le bas et le haut, les sens et l'esprit, *tout l'attirail des nœuds de la matière* et *le feu pur et net comme le feu céleste*. Toute sensualité, toute matérialité, toute réalité subissent ainsi un discrédit que le masque, le déguisement, la préciosité ou l'hypocrisie prétendent compenser. Cathos et Madelon posaient déjà avec dégoût le masque *(comment peut-on souffrir la pensée)* sur la réalité crue *(de coucher contre un homme vraiment nu ?)*. Le corps est exclu des relations amoureuses et de la vie quotidienne :

> *Cette union des cœurs où le corps n'entre pas...*
> *Et l'on ne s'aperçoit jamais qu'on ait un corps...*
> *Le corps, cette guenille...*

La démarche de la prude bute contre la revanche du réel. Le dégoût prétexté n'est qu'une impuissance à saisir. Tout cet effort tend à sauver les apparences :

> *Elle tâche à couvrir d'un faux voile de prude*
> *Ce que chez elle on voit d'affreuse solitude.*

Le paradoxe de la prude est qu'elle se trompe finalement elle-même sans tromper les autres.

> *Elle est bien à prier exacte au dernier point*
> *Mais elle bat ses gens et ne les paye point.*
> *Dans tous les lieux dévots elle étale un grand zèle*
> *Mais elle met du blanc et veut paraître belle.*
> *Elle fait des tableaux couvrir les nudités*
> *Mais elle a de l'amour pour les réalités.*

Conduite de compensation, la pruderie se charge de ressentiment clandestin. Espionnage, dénonciation, calomnie, tous les moyens sont bons pour forcer les résistances du réel et plier les autres à un univers arbitraire. Prudes et dévots adoptent les conduites de la *traîtrise*. On le voit avec Arsinoé et mieux encore avec Armande, chez qui le dépit et la malfaisance ont un caractère presque pathétique.

La grimace.

La première apparition de Tartuffe est ponctuée par un accès de pruderie et par la riposte de Dorine :

Et je vous verrais nu du haut jusques au bas
Que toute votre peau ne me tenterait pas.

Mise en évidence, cette nudité répugnante condamne d'avance toute affectation de vertu, et toute tentative de séduction. Et qu'importe que Dorine soit une Madame Sans-Gêne, une nourrice blasée, ou une effrontée de quinze ans ? Cette controverse, évoquée par Louis Jouvet, si elle relève d'une conversation de salon, offense Molière. Même remarque pour le physique de Tartuffe, bien que Molière n'ait pas confié par hasard le rôle à Du Croisy qui était gros et de face poupine : la rondeur de l'acteur garantit au personnage une bonhomie comique contre laquelle bute l'imposture.

Lugubre ou grimacier ? Louis Jouvet ou Fernand Ledoux ? Que Tartuffe doive inquiéter est hors de doute, mais non qu'il lui faille tuer la gaieté autour de lui. Entré de force dans la comédie, Tartuffe est pris à son piège grotesque et sinistre, grandiose et minable. Beaucoup d'acteurs vont au plus aisé : ils schématisent. Tel est pourtant le comique de Molière, qu'il

Deux scènes de Tartuffe (Théâtre de la Porte Saint-Martin; mise en scène: R. Planchon): Nelly Borgeaud et Roger Planchon.

exige la rencontre miraculeuse du rire et du symbole que Chaplin a su ménager à Charlot. L'acteur Molière aussi. De temps à autre le miracle se reproduit et nous regretterons toujours que Raimu, acteur sorti des coulisses de Molière, n'ait pu nous restituer Tartuffe, comme il l'avait fait pour Jourdain et pour Argan, comme Daniel Sorano nous a rendu Sganarelle et Louis Jouvet Don Juan.

La seule trahison à l'égard de Molière est d'interposer entre le public et lui le cabotinage du metteur en scène, du décorateur ou du comédien. Puisque la grandeur d'une œuvre de théâtre se mesure à l'audience qu'elle trouve dans les époques et dans les publics les plus différents, il faut lui laisser la chance de se refaire chaque fois une actualité toute neuve. De son jeu avec le public il lui vient des visages insoupçonnés de l'auteur lui-même. Un *Tartuffe* qui ne fait plus rire ne trahit peut-être pas Molière, mais la comédie gagne en force lorsque le rire chasse les miasmes de l'imposteur et que celui-ci, grâce à son interprète, parvient à concilier canaillerie et burlesque. Molière a trop longtemps tourné autour du faussaire avant d'en dompter l'efficacité théâtrale. Tourmentée par l'actualité, la pièce porte les marques de la bagarre.

Colette Dompietrini, *Arlette Gilbert, Luc Ponette.*

Tantôt campant leur personnage d'après les deux premiers actes où Tartuffe, absent, est abandonné aux partis pris de ses partenaires, les interprètes font de lui l'hypocrite de franche comédie que nous connaissons, glouton, paresseux et paillard. Tantôt ils s'en tiennent aux scènes où Tartuffe *agit* en personne et sont tentés de pousser le personnage au noir. Peut-être Molière a-t-il voulu cet effet de surprise. A l'interprète de montrer comment Tartuffe est alors occupé à changer la face des choses.

Orgon et Madame Pernelle sont les seules dupes de Tartuffe. En l'interprétant, Molière fait d'Orgon le grand rôle comique de la pièce. C'est un nouvel avatar du tyran domestique. Molière semble alors moins que jamais solidaire de son petit homme. Il est pris d'exaspération devant la stupidité où il voit celui-ci plongé par le prestige de Tartuffe et de Don Juan. Orgon est un « homme d'état » (dit *la Lettre sur l'Imposteur*), Sganarelle un valet. Mais c'est seulement après les avoir discrédités l'un et l'autre que l'Hypocrite et le Séducteur seront abattus.

Orgon est-il seulement une dupe ? Ce qu'il y a de fanatique dans son comportement et dans son apologie de Tartuffe indique suffisamment qu'il est sous le charme de l'imposteur. Cette fascination, ce viol de l'être, Molière ne peut les pardonner aux dévots et aux directeurs de conscience que La Bruyère stigmatisera plus tard en une page étonnante. Orgon n'a plus de libre arbitre, ni de jugement sain, ni de langage communicable. Comme le fait remarquer l'auteur de la *Lettre*, les mots qu'il emploie pour glorifier son bigot dessinent aux yeux clairvoyants de Cléante la figure de l'hypocrite.

Le pouvoir que Tartuffe a usurpé est immense. Une seule fois Orgon se trouve en tête à tête avec lui. Lorsque le charme menace d'être rompu par sa propre imprudence et par l'incartade de Damis, une courte entrevue suffit à Tartuffe pour « posséder » à nouveau sa victime. Une absence de deux actes, trois affrontements spectaculaires. Dans cette maison hantée par lui, le rôle de Tartuffe se concentre sur les rencontres avec Elmire. Orgon est un alibi, Marianne un prétexte ; Elmire est le véritable sujet de l'imposteur comme Charlotte est le sujet de Don Juan. Cependant d'une scène de séduction à l'autre un abcès nauséabond a crevé.

Les sources.

Tartuffe dessert par sa conduite la cause de ceux qui l'utilisent. Il se trouve que dans la réalité historique, contemporaine de Molière et parfois parallèle à Tartuffe, de louches personnages, civils et ecclésiastiques sans situation précise, venaient aussi saper les positions des dévots. Ils sont moins les « modèles » de Tartuffe qu'ils ne constituent le peuple des obsessions, réelles ou imaginaires, d'où surgit la figure fictive qui les domine toutes : le barbier Rétenet à Lyon, Charpy, abbé de Sainte-Croix et Pierre Gazotti, prêtre italien. Très vite on voulut voir sous le déguisement de ce dernier l'abbé Gabriel Roquette, prédicateur célèbre, devenu plus tard évêque d'Autun, dont la liaison avec Mlle de Guise était connue. La légende veut que Molière ait lui-même déclaré : « *l'Imposteur* ne sera pas joué : M. le Premier Président ne veut pas qu'on le joue. » Il s'agissait de Lamoignon qui interrompit Boileau et Molière venus défendre *Tartuffe*, en leur disant : « Messieurs, vous voyez qu'il est près de midi : je manquerais ma messe si je m'arrêtais plus longtemps. »

Tous ces personnages trahissent leur mine dévote par leur ambition et leur sensualité. D'autres établissent des confusions inquiétantes entre le langage de l'amour divin et celui de l'amour charnel. « Mon penchant pour les femmes m'avait contraint à me prosterner plusieurs fois devant l'autel de la beauté, pour y adorer le créateur et peut-être la créature. » (Sébastien Locatelli dans son *Voyage en France*.) On trouverait semblable langage dans la bouche de l'abbé de Pons, adversaire des Jansénistes et amoureux de Ninon de Lenclos.

Le Menteur.

Mais Tartuffe est-il le vulgaire escroc que suggèrent certaines interprétations ? Répugne-t-il tellement à Molière que celui-ci lui refuse toute espèce de sincérité ? Alors que nous ne pouvons communiquer avec Harpagon, qui est un pur fantoche de comédie et dont le jeu tourne le vice en ridicule, le mensonge de Tartuffe concerne notre relation à nous-mêmes. La psychologie moderne a exploré en tous sens la conscience du Menteur, et la psychanalyse a démonté celle de Tartuffe. Vainement, car Tartuffe n'est pas un sujet clinique, mais une création poétique.

C'est Georges Bernanos, auquel Louis Jouvet fait appel, qui nous donne la bonne réponse : « Je vois que le mensonge est un parasite, le menteur un parasité qui se gratte où cela le démange [...] Il y a peu d'hommes qui, à une heure de leur vie, honteux de leurs faiblesses et de leurs vices, incapables de leur faire front, d'en surmonter l'humiliation rédemptrice, n'aient été tentés de se glisser hors d'eux-mêmes, à pas de loup, ainsi que d'un mauvais lieu. Beaucoup ont couru plus d'une fois cette chance atroce. L'imposteur n'est peut-être sorti qu'une seule fois, mais il n'a pu rentrer [...] Il y a belle lurette que je ne prends plus l'imposture pour un simple travesti, l'imposteur pour un cabotin qui va de temps en temps renouveler sa garde-robe chez le fripier. L'imposteur et l'imposture ne font qu'un. Il y a une fatalité sous l'imposture. » Tartuffe, sorti de lui-même, se réfugie dans un nouveau personnage qui prendra forme dans la maison d'Orgon. Il est l'étranger, mais cette maison doit devenir sienne ; le gueux, mais il doit jouir du confort bourgeois en invectivant contre lui ; le scélérat, mais il sera d'autant plus exigeant pour la vertu sincère qui règne en ces lieux (cette situation exploitée à fond par Pirandello conduit à la Volupté de l'honneur) ; le solitaire, mais il se coulera dans l'intimité du foyer. En un jeu vertigineux, Tartuffe reste suspendu dans le vide entre son être et son personnage, incapable de revenir à l'un ou d'atteindre l'autre.

En précisant l'ambition de Tartuffe, Stendhal a dessiné Julien Sorel ; en raffinant sur Molière, François Mauriac a inventé Blaise Couture. L'abbé Cénabre est la plus grandiose d'entre ces figures. Dans les trois cas, le mensonge sur soi provoque la désintégration d'un être exceptionnel mais déclassé.

Pourquoi en serait-il autrement de Tartuffe ?

Elmire.

Elmire représente la féminité exquise, la parfaite adhérence à soi. Elle seule peut déconcerter à l'instant décisif « l'âme de toutes la plus concertée ». La Lettre sur l'Imposteur indique que c'est sans y penser et « par manière de geste » que Tartuffe prend la main d'Elmire. Il se ressaisit puis « un moment après il s'oublie de nouveau ». L'accident qui se produit alors et qui va mettre fin à sa carrière, est inévitable. Séduire Elmire, posséder l'image même de la dignité, est la seule victoire qui puisse couronner la démarche de Tartuffe, si du moins son masque n'est pas celui d'un rustre en mal de ripaille et de ribauderie. Par malheur Tartuffe ne saura pas combler l'écart entre la sublimité des propos et la précision du pelotage.

Le danger est d'éclairer arbitrairement la conduite de Tartuffe pour l'annexer (et Molière avec lui) à une thèse quelconque. Elle est ambiguë comme l'imposture même et, comme elle, insondable. Il commence par confondre les deux plans du surnaturel et du temporel.

Et je n'ai pu vous voir parfaite créature
Sans admirer en vous l'auteur de la nature.
. . .
D'abord j'appréhendai que cette ardeur secrète
Ne fût du noir esprit une surprise adroite.
. . .
Mais enfin je connus, ô beauté toute aimable
Que cette passion peut n'être point coupable.

Franchise truquée, langage pourri jusqu'à la moelle ; il faut, ou bien que l'imposture soit une extraordinaire patience, ou bien reconnaître là le langage de la mauvaise foi empêtrée dans un discours préparé depuis longtemps mais remis en question à la dernière minute. Les moralistes parlent d'esprit faux. Tartuffe s'en débarrasse soudain et met son désir à nu.

Ah ! pour être dévot je n'en suis pas moins homme.
Un cœur se laisse prendre et ne raisonne pas.
De vos regards divins l'ineffable douceur
Força la résistance où s'obstinait mon cœur.
Elle surmonta tout, jeûnes, prières, larmes,
Et tourna tous mes vœux du côté de vos charmes.

A ce propos, l'auteur de *la Lettre sur l'Imposteur* dit de Tartuffe qu'« il ferait presque pitié ». Si l'on songe que cette lettre a été écrite dans l'entourage de Molière et peut-être sous sa dictée, on mesure le prix d'une telle indication sur un Tartuffe pitoyable.

A présent, sincérité et mensonge sont nettement dissociés. Tartuffe retrouve sa maîtrise de soi, pour décider froidement d'entraîner Elmire dans sa propre hypocrisie.

Votre honneur avec moi ne court point de hasard...
Car les gens comme nous brûlent d'un feu discret
Avec qui pour toujours on est sûr du secret.
Le soin que nous prenons de notre renommée
Répond de toutes choses à la personne aimée.
Et c'est en nous qu'on trouve, acceptant notre cœur
De l'amour sans scandale et du plaisir sans peur.

Les modèles littéraires ou vivants sont loin. Molière est
seul avec *son* Tartuffe dans la chambre de force du théâtre.
Il tient son personnage et ne le lâchera plus qu'il ne lui ait
fait rendre gorge.

Et ce n'est pas pécher que pécher en silence.

On imagine l'écœurement de Molière et le regard qu'il
retourne sur le public dont il prend soudain conscience.

Ainsi acculé, l'imposteur joue sur le théâtre du XVIIᵉ siècle l'unique scène de désir sans fard. Phèdre elle-même se contente de mimer le sien au conditionnel passé ! Et les autres fantoches de Molière ne sont que grivois.

Contentez mon désir et n'ayez point d'effroi.

Surpris par Orgon, l'imposteur est sous le coup d'une humiliation effroyable qu'Elmire, dans sa délicatesse, regrette d'avoir dû lui infliger. Il ne se décide pourtant pas à jeter le masque. Regroupant hâtivement les lambeaux de son personnage au mépris de toute prudence, il fait donner les grandes orgues, renvoie l'accusation à ses adversaires, parle de venger *le ciel qu'on blesse* et court dénoncer son hôte au roi. Cette panique vindicative est trop irrationnelle pour ne pas fournir la preuve que, selon le mot de Bernanos, « l'imposture et l'imposteur ne font qu'un ».

Deux interprétations, classique et romantique,
de la scène VII de l'Acte V de Tartuffe.

Le mot de la fin.

Dans le premier *Tartuffe*, l'imposteur portait l'habit noir et le collet blanc des prêtres. Dans la version adoucie de 1667, il est en homme du monde. En 1669, il reprend son premier costume, sans qu'aucune allusion permette d'affirmer qu'il est prêtre. Molière a sûrement voulu cette incertitude.

Pourtant à la question : quelle est son intention ? on doit répondre par une autre question : quelle intention peut-on lui prêter, sinon de faire une œuvre de théâtre et mettre en scène un hypocrite ? Quant aux convictions religieuses de Molière, elles n'intéressent son théâtre que dans la mesure où une connaissance plus approfondie de l'homme permet une écoute plus attentive (mais non plus aisée) de l'œuvre. Avec Molière cette sorte d'investigation est décevante. On se doute bien que l'écart est sensible entre son sentiment profond et les mises au point conformistes de ses préfaces. Son confesseur particulier, son observance du devoir pascal, sa mort édifiante sont compensés par les amitiés qu'il entretient dans les cercles libertins : Les Lamothe-Vayer, Mignard, Ninon de Lenclos, Madame de la Sablière. Sa liberté d'esprit, sans remettre en cause les principes de la religion, défend la vie personnelle contre les entreprises d'un rigorisme étroit ou d'un fanatisme aveugle. Pourtant les témoignages abondent sur le libertinage de ses amis, alors qu'on ne possède sur lui aucune indication certaine. Il serait fou d'espérer que Molière, comédien du roi, ait tenu lui-même ses contemporains au courant. Dans *Tartuffe*, la religion est représentée par un hypocrite, un bigot et un rationaliste qui se réclame d'une religion « humaine et traitable ». *La Lettre sur l'Imposteur* précise la position de Cléante en affirmant que « la religion n'est qu'une raison plus parfaite ». C'est éliminer la Foi, avec ses paradoxes, ses déchirements et le mystère de la relation de Dieu à l'homme et à l'histoire. Telle était sans doute l'attitude de bien des chrétiens éclairés qui introduisaient un rationalisme déguisé dans la religion, en attendant le règne de la Raison Pure.

Le Tartuffe de Molière laisse pourtant planer un doute. Serait-il un de ces ecclésiastiques situés en marge de la hiérarchie, indicateurs des dévots qui tolèrent leurs scandales pour utiliser leurs services ? Peut-être dans la version de 1664 Elmire se laissait-elle séduire par Tartuffe, comme certains ont cru le deviner ? Il se pourrait surtout que la sagesse rassurante de Cléante n'ait été introduite que dans la version de 1667. En tout cas, les finesses des pédagogues, soucieux de construire un Molière sur mesure pour bons élèves et humanistes distingués, ne doivent pas nous faire oublier que les « vrais dévots » se sont sentis directement visés et l'ont fait savoir avec vigueur.

L'archevêque Péréfixe dans son ordonnance de 1667 écrit : « Une comédie très dangereuse, et qui est d'autant plus capable de nuire à la religion que, sous prétexte de condamner l'hypocrisie ou la fausse dévotion, elle donne lieu d'en accuser indifféremment tous ceux qui font profession de la plus solide piété. » Et plus tard Bourdaloue : « Comme la fausse dévotion tient en beaucoup de choses de la vraie, comme la fausse et la vraie ont je ne sais combien d'actions qui leur sont communes, comme les dehors de l'une et de l'autre sont presque tous semblables, il est non seulement aisé mais d'une suite presque nécessaire, que la même raillerie qui attaque l'une attaque l'autre ! »

A quoi la Lettre sur l'Imposteur réplique très insidieusement : « Comme si ces apparences étaient les mêmes dans les uns que dans les autres ; que les véritables dévots fussent capables des affectations que cette pièce reprend dans les hypocrites, et que la vertu n'eût pas un dehors reconnaissable de même que le vice. » La même Lettre reproche ailleurs aux dévots de ne pas pratiquer « la plus sublime de toutes les vertus évangéliques, qui est le pardon des ennemis ». Il y a une vérité de Tartuffe qu'on peut comparer à la vérité de la passion racinienne, de l'homme d'argent chez Balzac, du révolutionnaire chez André Malraux. On n'a pas assez insisté sur la générosité de Molière, sur son amour de l'homme et de la vie. Il semble que son désir de vivre en amitié avec l'homme et avec le monde (les humbles, les faibles, les pauvres échappent chez lui au ridicule de la comédie) n'ait pas trouvé d'écho dans le christianisme de son temps. Oubliant la charité évangélique de saint Vincent de Paul et le radicalisme religieux de Pascal il n'a vu d'alternative qu'entre la religion de façade où vivaient les grands et une dévotion sèche, méfiante, fondée plus sur le mépris de l'homme que sur l'amour du Dieu incarné.

Le procès intenté à Tartuffe a bien la gravité et l'envergure pressenties par les dévots. Mais les hautes parois de l'époque étouffent ce cri d'indignation, ou le déforment. Entre la parole sans espoir des négateurs qui montent, et les clameurs indignées des mal pensants, où situer l'humanisme de Molière ?

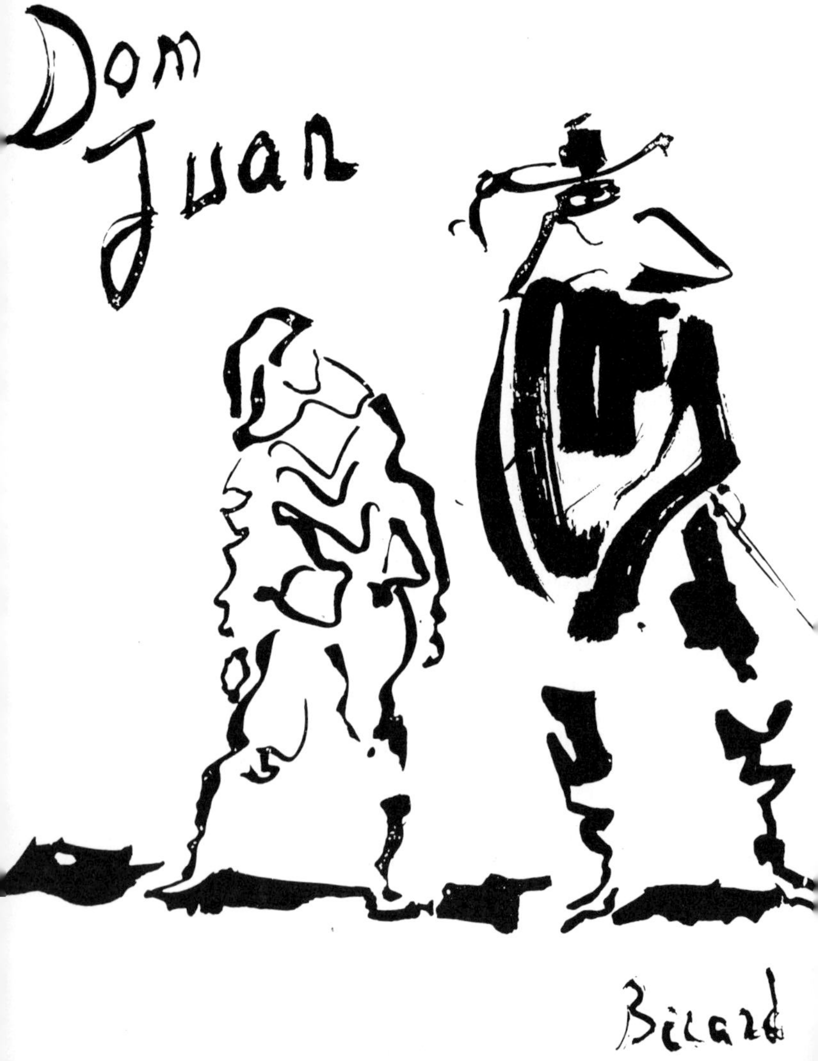
Dom
Juan
Bérard

C'est parce qu'il jugeait autrement que nous l'économie de sa pièce que Molière n'a pas pris le rôle de Tartuffe. S'il n'a pas joué Don Juan, c'est encore pour une raison technique, le comique étant le fait de Sganarelle et l'ironie celui de Don Juan. Orgon et Tartuffe ne se rencontrent guère en scène, mais Sganarelle ne quitte pas Don Juan. Or Molière vit de plain-pied avec Sganarelle, pousse le bonhomme hors de lui-même et ridiculise ensuite une sagesse incapable de se mettre au niveau de circonstances exceptionnelles. La dimension du rôle, les richesses de jeu et d'expression, tout indique que ce Sganarelle-là est avec Alceste et Scapin un des rôles-clefs de Molière.

Les représentations de *Don Juan* minimisent souvent le rôle du valet. Or ici le maître et le valet sont à la dimension l'un de l'autre, Molière l'a voulu ainsi ; on le trahit en accolant un Sganarelle de second plan à la vedette qui joue le séducteur. Deux présentations, qui ont marqué l'histoire récente de *Don Juan*, celle de Louis Jouvet et celle du Théâtre National Populaire, sont pleines d'enseignements à ce sujet.

Louis Jouvet agitait l'âme du séducteur, écume et reflets, derrière la vitre d'un regard glauque, d'une bouche ironique, d'une diction monocorde, et la rendait inaccessible. Dessiné à mi-chemin de l'histoire et de la légende, le costume de Bérard faisait peser sur Don Juan la masse sombre du mythe.

Jean Vilar n'a pas cette ambiguïté. Il est net, avec un profil de rapace, mince dans son costume de mousquetaire gris. Il doit compenser cette « banalité » en chargeant son rôle d'un ennui et d'une agressivité qui rendent compte du Don Juan athée plus que du Don Juan séducteur. Mais si la présentation du Théâtre National Populaire l'emporte sur son aînée, c'est parce qu'elle rend à la comédie l'élément essentiel de son équilibre : le couple maître-valet. On le doit à Daniel Sorano, extraordinaire comédien qui a su retrouver jusqu'à la ressemblance physique de Molière. Le nerveux et le spongieux, l'homme de feu et l'homme de son, n'ont en commun que la mobilité du corps. L'un roule des yeux, l'autre les plisse. L'un brasse l'air de ses mains, l'autre le cingle. L'un caracole et l'autre piaffe.

Jean Debucourt, Jean Vilar et Louis Jouvet en Don Juan.

Le cas Don Juan.

Don Juan, pièce insolite, communique à la dramaturgie française un peu du souffle qui anime le drame élizabéthain et la *comedia* espagnole. Avec elle, la critique des sources prend une gravité inattendue. Elle dépouille Molière de *Don Juan* et échoue devant le mur d'un domaine interdit. Tartuffe, Alceste ou Harpagon, quelque antécédent qu'on leur trouve, appartiennent à Molière et leur destin se confond avec celui de son œuvre. Don Juan lui échappe, du moins le dépasse, partagé entre le mythe universel, le présent de Molière, et un certain avenir de la littérature française.

Pris de court par l'interdiction de *Tartuffe* alors que *Le Misanthrope* n'était encore qu'un projet de longue haleine, Molière aurait cédé aux instances de ses comédiens, pressés de jouer un sujet à la mode. L'histoire du gentilhomme débauché, puni par le ciel, de drame édifiant chez Tirso de Molina, était devenue farce chez les Italiens, tragi-comédie chez les Français Dorimond et Villiers. En 1661, on jouait *le Festin de Pierre* sur trois théâtres à la fois, et depuis la pièce, à Paris, ne quittait pas l'affiche. Molière pressé s'en tient à la pièce de Dorimond qui faisait déjà de Don Juan un révolté. Grâce à lui, le personnage du séducteur commence à prendre dans la conscience universelle une vie légendaire et à devenir le cas Don Juan.

Mais Molière ne livre pas tout de go son personnage aux entreprises du mythe. Comédie classique, *Don Juan* résiste à la légende et pénètre dans le présent de Molière, résolument polémique et marqué des séquelles de *Tartuffe*. Le séducteur est un jeune seigneur corrompu de la cour de 1660, compagnon de Guiche, de Manicamp qui apprit à jurer au jeune roi, des Vendôme qui organisaient des concours de blasphème à Anet. Plusieurs traits du personnage rappellent des faits réels : un prince d'Orange prononçant sur son lit de mort la fameuse formule : « Je crois que deux et deux font quatre », Malherbe refusant tout crédit aux prières des pauvres, le chevalier de Roquelaure jouant la scène du louis d'or. Plus étonnante serait la métamorphose du Prince de Conti, directement visé au cinquième acte, passé au clan des dévots.

Il reste qu'en créant la figure du séducteur, libéré de toute croyance religieuse et de tout scrupule moral, faisant du persiflage, du cynisme amoureux et de la cruauté les articles d'un véritable code de conduite, Molière annonce une littérature de dérision qui devait trouver sa forme au siècle des lumières, avec Voltaire, Choderlos de Laclos et le marquis de Sade.

Le couple.

A la question naïve : Molière approuve-t-il Don Juan ? on peut répondre qu'il a choisi le meilleur poste pour rester en vue de son héros ; pour le voir et être vu de lui. Molière a besoin d'être reconnu par Don Juan sous la livrée de Sganarelle. Astucieux manège pour échapper au piège du séducteur et éviter d'être pris aux filets qu'il a tendus. Le maître et le valet, couple traditionnel, créent entre eux une distance qui va de l'audace au défi et à la lâcheté. L'un et l'autre ont le sarcasme à la bouche, mais au langage de Don Juan, net et polémique, s'oppose celui de Sganarelle, poisseux et plein de bons sentiments et de poncifs incolores.

A partir du XIXe siècle les auteurs cesseront d'exploiter convenablement le type comique du valet. Mais au XVIIIe, avec l'Arlequin italien et le Scapin de Molière, le serviteur est un factotum dont l'insolence, l'indiscrétion, la fourberie contestent moins des privilèges sociaux qu'ils ne transforment le monde en une vaste aire de jeu et d'intrigue. Conscient et humilié, Figaro lancera l'accusation que ses héritiers à gilet rayé laisseront tomber dans le gros comique des histoires d'office, de chambre à coucher, de noces carabinées : « Monsieur a bien dormi ? »

Bien différent le rôle de Sganarelle. Autorisé à tout connaître de son maître, à juger, commenter, disputer, mais non à faire des remontrances, Sganarelle est la seule chance de dialogue que Don Juan ménage à sa solitude. Dialogue de Don Juan avec le reflet de sa propre conscience, dont il regarde se détraquer les raisonnements et les sermons. Dans ce rôle de conscience dérisoire et servile, Sganarelle sait s'imposer comme seul médiateur entre son maître et le public, à l'instant où Don Juan prend la décision d'endosser le personnage du dévot. Traité en double antithétique, Sganarelle résiste. Il risque le « vieil homme » dans cette aventure, mais tient à le récupérer lorsque viendra la fin qu'il prévoit. D'étonnement, il se laisse *pourrir* parce que Don Juan élude un débat que nous avons évoqué plus haut. Houspillé par le comédien Molière, Sganarelle se joue de Don Juan. C'est le second rôle de Sganarelle : le provocateur. A sa manière, il défie Don Juan comme Don Juan défie la morale et la religion. Et indirectement, par le jeu de la sottise éberluée, c'est à cette même morale et à cette même religion qu'il s'en prend, brouillant les cartes pour atteindre ce résultat paradoxal : la vertu ridiculisée par son défenseur, l'hypocrisie mise en accusation par l'hypocrite. Avec une volupté honteuse, Sganarelle suit Don Juan et se repaît de tout scandale, de toute audace dont il n'a pas à prendre la responsabilité. C'est son dernier rôle : le pleutre et le foireux hilare des équipées enfantines, le clown qui bredouille, éternue, culbute et ne comprend rien à rien. Le thème religieux, par lui, sombre dans la farce. On n'a pas pardonné à Molière d'avoir mis dans son jeu ce sot goguenard pour ménager la rencontre entre Tartuffe et Don Juan.

Après des débuts prometteurs, la pièce disparut de l'affiche dès la saison suivante. Grimarest en parle du bout de la plume. Un silence étouffant pèse sur elle. Avant que Louis Jouvet ne la reprît, elle n'avait pas connu cent représentations à la Comédie-Française, pour deux mille cinq cents du *Tartuffe*.

Une pièce mal faite.

Le jugement d'Émile Faguet (« Don Juan est une pièce mal faite, disparate, incohérente. ») résume une opinion courante. Plutôt que la justifier par le travail précipité de Molière, on doit constater que les œuvres nées du cas *Don Juan* ont rarement été réussies ! Déjà Dorimond avançait pour sa défense : « Il est impossible de mettre cette histoire-cy dans les règles. » La comédie de Molière ne respecte aucune des unités classiques, pas même l'unité d'action pour laquelle les moins stricts font preuve d'intransigeance. Sur ce point aussi *Don Juan* s'apparente aux pièces anglaises et espagnoles, ce qui restreint singulièrement la portée de la critique. « Au théâtre, écrit Micheline Sauvage [1], Don Juan vit devant nous son temps qui est le nôtre, le temps de notre condition d'homme. C'est-à-dire que le temps du séducteur n'est pas

_____

1. Micheline Sauvage, *Le cas Don Juan*, Paris, Éditions du Seuil.

comme il pourrait l'être dans un roman ou un poème par exemple, décrit ou figuré ou symbolisé. Il est à la lettre *représenté*... Héros de la temporalité humaine, Don Juan est fait pour le jeu théâtral. » Cette « incohérence » congénitale et cette prédestination au théâtre ne sont contradictoires qu'en apparence. La pièce de Molière est discontinue comme l'existence de son héros. Elle va de tableau en tableau comme il va d'aventure en aventure. Don Juan n'existe qu'en scène.

Il importe peu que l'histoire se déroule en vingt-quatre heures ou en dix ans, dans une ville ou à l'échelle du monde : d'ailleurs Molière se garde bien de préciser. Il n'y a pas d'entractes, c'est-à-dire de pauses silencieuses dans une durée continue. Le lieu clos du palais, le champ parcouru de la forêt sont des figurations provisoires de l'espace abstrait, comme le font si bien comprendre les éclairages du T. N. P., sous-bois, colonnades de lumière surgis dans la nuit. Ainsi les tableaux de la chronique sont les instants d'une durée discontinue que scande la voix d'un récitant invisible : « Ce jour-là Don Juan traversait une forêt profonde... Une autre fois Dona Elvire... »

L'acteur reste le témoin de son personnage, moins soucieux de se fondre en lui que de le *présenter* au spectateur. Ainsi Molière se tient-il derrière Sganarelle.

Les deux premiers actes font un seul bloc. Mais à mesure que la représentation avance, les événements se précipitent les uns sur les autres, s'additionnent, marche symbolique où l'espace — forêt avec son allée centrale, palais avec son porche d'entrée — devient un domaine réservé. Au troisième acte, chaque événement prend figure de *rencontre* (le pauvre, Don Carlos, le tombeau du commandeur), au quatrième de *visite* (Monsieur Dimanche, le père, Elvire, la statue). Au cinquième le fantastique livre ses assauts. Ce sont les mises en demeure du destin.

Le Séducteur.

Depuis le drame de Tirso de Molina, Don Juan est le prototype du séducteur. Molière lui laisse ce caractère mais lui ouvre des débouchés nouveaux. Il inaugure son rôle par un manifeste sur la conduite amoureuse, l'achève par un autre sur la conduite hypocrite et joue dans l'intervalle son vrai rôle, celui du provocateur. Le discours du séducteur nous importe, car il oppose Don Juan à la rhétorique amoureuse illustrée par Molière dans sa vie et dans son œuvre.

Dans la mise en marche d'une « énumération sans fin », Micheline Sauvage voit la preuve de la situation satanique qui fait de Don Juan un *déchu*. La décision de saisir l'universel *(Toutes les belles ont droit de nous charmer...)* conduit à collectionner des *objets charmants* et des instants d'amour. Les premiers allongent le fameux catalogue que Molière se contente d'évoquer *(Et si je te disais le nom de toutes celles qu'il a épousées en divers lieux, ce serait un chapitre à durer jusques au soir).* L'addition des instants constitue le véritable temps du séducteur. Les uns et les autres sont interchangeables, mais justement *tout le plaisir de l'amour est dans le changement.* Autrement dit, il n'y a pas en amour d'objet unique, ni d'instant privilégié. En aucun cas la tentative du séducteur ne prétend approfondir, sympathiser, connaître. Elle est inaugurale et s'en tient aux *inclinations naissantes* parce que l'éternité perdue a ce caractère d'un perpétuel commencement. Lorsqu'une résistance s'affirme, que l'objet devient un obstacle, alors l'entreprise amoureuse devient *combat, victoire, conquête* et le désir du séducteur augmente comme *l'ambition des conquérants*. Dynamisme réel, compensé par l'instinct d'abîmer *l'innocente pudeur d'une âme*, de *vaincre les scrupules*, qui rapproche le Don Juan moliéresque des seigneurs corrompus de 1660, eux-mêmes précurseurs des roués du siècle suivant.

Au contraire la passion amoureuse de Molière a cristallisé sur l'objet unique : Armande. Molière aimait les femmes, mais non l'amour. C'est ce que Grimarest appelle « un fort penchant pour le sexe ». Son prestige, sa générosité, son besoin de tendresse lui ont valu des succès apparents et ont touché la jeune Armande. Mais on convient généralement qu'il était maladroit, et ne savait pas parler aux femmes. Armande l'a senti très tôt. On la disait moins belle que « charmante » et experte à séduire. Molière ne comprend pas et Armande « trouve burlesque et, pour un peu, méprisable, d'introduire, ainsi qu'il fait, dans un tournoi de dynamisme animal, le chantage à la postérité. » (Audiberti). Estime et fidélité sont les éléments-clefs du comportement amoureux de Molière. Voyez les dépits de ses comédies. Don Juan rejette *ce faux honneur d'être fidèle* où il voit un sommeil, une mort, un ensevelissement. La fidélité est représentée dans la pièce par Elvire, seule femme que Molière maintienne en face du séducteur. Plus que femme, épouse. Si son rôle se limite à deux interventions ferventes, elle ne cesse de faire passer son existence sur la carrière de Don Juan et sur la conduite de la comédie. Elle refuse d'être lucide, d'accepter la chute inéluctable du temps. Sachant mort l'amour de Don Juan, elle revendique une fidélité réduite à une « loyauté », *respect de la foi jurée*. Elvire ne comprend pas plus Don Juan qu'Alceste ne comprend Célimène et Molière Armande. Telle est l'image du couple séparé, du couple inversé où, sans que l'auteur y soit pour rien, Elvire joue le rôle de Molière, et Don Juan celui d'Armande.

Le défi.

Molière a fait de Don Juan un provocateur. La loi divine est la première visée, et à sa suite la loi humaine qui est son reflet. Don Juan est d'abord un athée. Toute la casuistique amoureuse du Moyen Age, et l'art d'aimer des précieux qui renoue maladroitement avec elle, tendent à faire de l'amour humain l'homologue de l'amour divin et l'on a vu Tartuffe abuser de l'équivoque. La conduite du séducteur, qui condamne expressément cette cristallisation autour de l'absolu, aboutit à la mise en question de Dieu. Don Juan la mène avec rigueur dans les répliques qu'il donne à Sganarelle.

Je crois que deux et deux sont quatre et que quatre et quatre sont huit. Le valet vient d'interroger Don Juan sur la médecine, le ciel, le diable, l'enfer, l'autre vie et le moine bourru. La sottise du valet range sous la même rubrique les articles du dogme ramenés aux dimensions de prestiges terrifiants (le diable ou l'enfer), rassurants (le ciel), les fantasmagories populaires et la médecine que Don Juan renvoie avec Molière parmi les supercheries. L'ignorance et la peur camouflées en foi, c'est à quoi Don Juan oppose la rigueur de la preuve scientifique : (Jean Vilar compte sur ses doigts le $2 + 2 = 4$). Il laisse à Sganarelle le soin de discréditer les démonstrations bâtardes en reprenant, pour exposer la preuve des causes finales, les termes mêmes de Gassendi. (« J'aime bien quand il se casse la gueule en voulant démontrer », disait un jour un comédien.)

L'allure du provocateur grandit s'il adresse son défi à une force en suspens. L'athéisme de Don Juan met Dieu entre parenthèses. Ainsi l'intervention de la statue : *Il y a bien là quelque chose que je ne comprends pas, mais quoi que ce puisse être, cela n'est pas capable de convaincre mon esprit, ni d'ébranler mon âme.* Il est vrai que Don Juan multiplie les preuves de son mépris de l'homme, ne pensant qu'à satisfaire son bon plaisir, piétinant les sentiments les plus simples et les plus vrais. Le seul moment où tressaille Don Juan, lors du dernier avertissement d'Elvire, est si ambigu qu'on y a vu plus souvent une perversité que la conscience soudaine du lien qui l'unit à cette malheureuse.

Seulement le personnage est complexe et la démarche de Molière est peut-être plus subtile, plus insidieuse. Don Juan est solitaire parce qu'il paie le prix de son savoir. Homme sans Dieu, dans les autres il méprise la foule soumise. En éprouvant le pauvre dans la scène célèbre, il tente de lui ouvrir les yeux, de rendre l'homme à l'homme et à sa solitude. L'amour de l'humanité qu'il jette avec le louis d'or n'a rien d'une fraternité révolutionnaire ou d'une pitié humaine, c'est l'appel du surhomme, un cri de liberté, mais de liberté solitaire et gratuite ; de remords, jamais : *Non, non, il ne sera pas dit, quoi qu'il arrive, que je sois capable de me repentir.*

Don Juan à l'Athénée.

L'Hypocrite.

L'hypocrisie n'entre pas dans le cas Don Juan. Molière l'a introduite comme une métamorphose surprenante. Encore un moment de rupture que Faguet attribuait à l'incohérence naturelle de la pièce. D'autres ont tenté de la justifier par la nécessité où se trouvait Molière de rendre son héros très antipathique avant de l'envoyer à la damnation éternelle. Oui, mais nous ne croyons pas à l'hypocrisie de Don Juan. Elle amuse prodigieusement lorsqu'elle entre en action pour mettre un terme aux criailleries de Don Carlos sur l'honneur des familles.

Don Juan mène une course qui ressemble à un carnaval. L'infidèle, le séducteur, le bretteur, le blasphémateur, le fils insolent, le débiteur insolvable, il endosse tous ces personnages avec une gaieté sans défaillance. Impossible de déceler en lui la moindre lassitude, le moindre dégoût. Nerveux, mais non fébrile. Ce jeu des visages successifs n'est pas une mascarade, car les masques lui tiennent tellement à la peau qu'en les arrachant on mettrait à nu ce que Rilke appelle le *non-visage*. Et peut-être Don Juan est-il l'homme sans visage. Pour la première fois, lorsqu'il prend à témoin de sa décision l'ombre hilare de Sganarelle, il pose un masque fabriqué sur son visage : le masque du dévot.

C'est qu'au même instant il se prépare à lancer, non plus son défi personnel, mais celui de Molière. Don Juan descend à l'avant-scène dans une sorte de présent pur, d'instant éternel, dont chaque représentation renouvelle le prodige pour ramener Molière parmi nous. Alors Sganarelle, défroque désertée par son interprète, contemple d'un œil vide l'homme sans visage qui prend le visage de Molière, et, traître à son propre rôle, dévoile les secrets de l'imposture.

Il a fallu, pour que cela fût possible, que Don Juan fût d'abord cet homme inutilement libre et voué à l'échec, séduisant, odieux, inquiétant, incontrôlable comme la comédie dont il est le moteur. Molière nous laisse seulement entendre que cette aristocratie du mal lui demeure étrangère.

Dans les années 1665-1666, une œuvre nouvelle de Molière ressemble forcément à un manifeste et à une provocation ; même *l'Amour Médecin*, comédie-ballet qui poursuit le procès intenté par *Don Juan* à l'art médical. La chronologie élémentaire qui place *Don Juan* au centre de ce nœud polémique, *Tartuffe* au début, et *le Misanthrope* à la fin, est admissible si l'on n'oublie pas que l'Imposteur sort au grand jour en 1669, et qu'Alceste préoccupe Molière depuis 1664.

On a souvent récusé systématiquement le témoignage des contemporains sur des correspondances possibles entre la vie et l'œuvre de Molière. D'autres au contraire ont entendu battre en elle le cœur de l'homme engagé. « Le Misanthrope si vanté, réduit à lui-même, ne serait pas le chef-d'œuvre qu'il est si, après trois cents ans, une nappe de douleur ne l'alimentait, et si nous n'en avions conscience à chaque instant » (François Mauriac).

Entre la manie de déceler des syndromes de neurasthénie chez Alceste, pour les attribuer à Molière, et le fait de reconnaître un écho personnel au *Misanthrope* il y a loin. On hésite à entendre dans le théâtre de Molière la pulsation profonde d'une confidence, à y reconnaître la griffe de l'actualité. Et pourtant, Lagrange, collaborateur et ami de Molière, n'a pas craint d'affirmer, pensant au *Misanthrope*, qu'il « s'est joué le premier en plusieurs endroits sur des affaires de sa famille, et qui regardaient ce qui se passait dans son domestique », tandis que Donneau de Visé prétend de son côté qu'il a voulu parler « contre les mœurs du siècle ».

Le Visage.

Intéresser le public au visage mythique de l'acteur, est une chance qui est refusée au cabotin, fût-il aussi génial que Kean. « Pour ce que rire est le propre de l'homme » le comique dépasse le seul objet de la comédie, à moins qu'on ne consente, comme le suggère la Lettre sur l'Imposteur : « à regarder toutes les choses qui se passent dans le monde comme les diverses scènes de la grande comédie qui se joue sur la terre entre les hommes ». L'acteur menant souvent le jeu pour son compte personnel, le duo du comique et du rieur torture le personnage, principal intéressé qu'on oublie. Le risque s'atténue quand le personnage, l'acteur et le créateur se confondent.

Les gens viennent *pour rire* et c'est en riant qu'ils revêtent d'une signification comique le comportement de l'acteur. De même que ces individus réunis, en devenant le « public », sont prêts à respecter les conventions grâce auxquelles, à une époque et dans un milieu donnés, la rencontre d'un certain type de situation déclenche l'hilarité, le poète fait confiance à un répertoire de jeux traditionnels, des plus gros aux plus subtils.

Mais l'organe le plus sensible du comique est le visage de l'homme que le comédien met à mal. Il se perd dans la ressemblance de figures irréelles, et si le personnage tend à se fixer, le comédien se découvre aussi léger que les grands clowns les soirs où le rire de la foule les a vidés d'eux-mêmes. Le créateur tente alors de se reprendre. Prisonnier à vie du théâtre, il transpose son destin et cherche son salut.

Les destinées de Molière et de Chaplin suivent des courbes parallèles. Tous les deux sont victimes de leur époque. L'un et l'autre sont des mal-aimés (le public surveille encore le bonheur « fragile » de Chaplin vieilli). Et *Limelight* ne va pas moins loin que *le Misanthrope* dans l'aveu qui livre l'homme à la merci du public.

Les Fâcheux.

Le Misanthrope domine les deux thèmes qui n'ont cessé de parcourir le théâtre de Molière : *le fâcheux* et *le masque*. Le sujet c'est l'impossible dialogue. Les fâcheux viennent empêcher ou interrompre la confrontation d'Alceste et de Célimène.

> *Il semble que le sort, quelque soin que je prenne,*
> *Ait juré d'empêcher que je vous entretienne.*

Dans une société où les relations amoureuses prétendent être conformes à leur apparence publique, les jeux du hasard dilapident une solitude précieuse. Le salon de Célimène est le lieu des rencontres, comme cette croisée des chemins où Acaste attendait Orphise. Dans la première comédie-ballet de Molière, les fâcheux venaient à la queue-leu-leu, présentaient leur ridicule et n'avaient d'autre tort que de faire manquer à un autre fâcheux le passage de la belle attendue. Mais déjà montait le fumet comique :

> *Sous quel astre, bon Dieu, faut-il que je sois né,*
> *Pour être de fâcheux toujours assassiné !*
> *Il semble que partout le sort me les adresse.*

La situation dans *le Misanthrope* est-elle très différente ? Dans quelle mesure Alceste est-il autre chose qu'un petit marquis, un peu moins insignifiant, d'humeur un peu plus désagréable que les autres ? Que vient-il chercher dans ce milieu où sa présence est un paradoxe et une provocation inutiles ?

Du personnage le plus proche de lui, Molière fait un grand seigneur. Mais Alceste porte en lui, plus pure, plus exigeante, la complicité qui unissait déjà Molière à Chrysale et à Sganarelle. Il le serre de près et crée entre le public et lui cette sympathie très rare qui rapproche le spectateur et le personnage. Les contretemps s'accumulent sur un rythme burlesque qui bafoue le sérieux d'Alceste. A cette provocation de la malchance, celui-ci laisse éclater son impatience. La vanité de l'écrivain, la prétention des marquis, la médisance de la prude, et même la sagesse de l'ami contrarient sa démarche, détériorent la situation sur laquelle ils font peser la menace de l'absurde. Alceste est susceptible. La mesquinerie de ces ennuis est ce qui le mine par-dessus tout. Son impuissance à demeurer indifférent, à ne pas se sentir concerné, définit son mal.

Mes yeux sont trop blessés et la cour et la ville
Ne m'offrent rien qu'objets à m'échauffer la bile.

Le grincement de mille détails malencontreux avive les deux « chagrins » de sa vie, qui n'est plus qu'un vaste *malentendu*. Le procès et la passion amoureuse sont les deux pôles de la misanthropie d'Alceste. Molière laisse planer une incertitude sur le procès. Méchante affaire, sur laquelle les silences de l'auteur se présentent comme des réticences. Par des allusions on comprend qu'Alceste se mêle d'écrire, que son procès l'oppose à un dévot soutenu par la cabale, qu'on fait de lui l'auteur d'un *livre abominable* qui suffirait à le faire pendre. Bref, tout le statut civil d'Alceste est mis en cause par ce procès dont nous ignorons l'origine et l'objet. Et l'on comprend son impatience, paralysé par une affaire aussi complexe et aussi grave que l'affaire Tartuffe, qui met

Le Misanthrope au Théâtre Marigny et au Vieux Colombier.

en action un appareil de puissances anonymes, et qui rejoint Molière par la référence au *Livre Abominable*.

Dans la première comédie-ballet qu'il leur a dédiée, les fâcheux ne sont que des gêneurs. Dans *le Misanthrope*, ils créent des embarras plus graves, bloquent Alceste dans une impasse, l'empêchant d'atteindre, par delà le procès et l'amour, un but dont nous devinons qu'il se confond avec le but de Molière. Nous pressentons aussi que Molière souffre du même mal qu'Alceste. Il transforme en circonstance pathétique l'obstacle médiocre qu'il ne sait pas contourner. Ainsi, bien qu'admirant en Philinte une acceptation lucide de la réalité humaine, Alceste voit en lui un fâcheux supplémentaire. Et comme tout fâcheux, durci en son ridicule, devient l'ennemi d'Alceste, on voit celui-ci se colleter avec les grands maniaques, Tartuffe, Harpagon, Jourdain, tous ceux qui envahiront le théâtre de Molière après l'échec de l'homme aux rubans verts.

Célimène.

Le masque remonte aux sources de ce théâtre. Dans la farce il posait ses cartonnages sur des visages dociles, pour donner vie à des types élémentaires. Visage qui voit et qui parle par les yeux et la bouche d'un autre, le masque symbolisait alors toute l'interprétation comique. Molière l'a réservé peu à peu à certains rites poétiques, interventions de Mascarilles et de médicastres, ponctuées par les fantaisies de la musique et de la danse. Une fois homologué l'écart entre le théâtre et le réel, un travestissement plus subtil dérobe le visage humain ; et Molière se trouve affronté dans le même temps aux masques de ses pièces et à ses ennemis déguisés. Tandis que les personnages de la comédie reprennent l'épaisseur de types sociaux, les individus du monde jouent les personnages. Pour les uns et les autres, si poussée que soit l'adaptation, la souplesse du visage et la raideur du masque laissent un jeu entre l'être et le personnage. On couronne l'ensemble par l'énorme édifice truqué de la perruque : *Ils avont des cheveux qui ne tenont point à leur tête,* dit Pierrot, témoin de l'homme sans visage.

Le Misanthrope est le carnaval de ces visages qui ne tiennent point à l'âme. Si Molière n'avait pas éprouvé leur malfaisance, il n'aurait pas tenté un tel effort pour les déchirer tous, même celui de Philinte, plus subtil que les autres, pour atteindre l'œuvre vive et l'âme de Célimène. La panique d'Alceste devant la multiplication des fâcheux est contre-balancée par le vertige de Célimène devant l'isolement. *La solitude effraye une âme de vingt ans.* A-t-elle tort de mettre son âge en cause ? Est-elle cet « insecte brillant qui détruit une vie d'homme » ? (François Mauriac) ou plutôt une femme tenue par le code officieux qui fait de la coquetterie un prélude à la pruderie ?

Il est une saison pour la galanterie
Il en est une aussi propre à la pruderie.

Un temps vient où la coquette renonce à la griserie d'être à la fois tous les personnages pour n'en plus jouer qu'un, celui d'Arsinoé, à moins qu'une chance s'offre à elle de prendre l'existence au sérieux en connaissant l'amour d'Alceste. Célimène donne la clef de la mascarade. L'ennui et le vertige sont la sanction de son vide intérieur. Mais sa

sincérité ne peut être mise en cause : elle est exactement ce qu'elle paraît. L'unique but de sa vie est le jeu. Elle est sans fatuité et sans illusion. A son piège seul se prend celui qui veut bien s'aveugler et joue à colin-maillard. Provocatrice comme Don Juan (mais son défi ne concerne que la vanité du mâle), comme lui elle est un être sans visage, donc sans masque. Survient Alceste. Pour se défendre, Célimène interposera entre elle et lui la cohorte des fâcheux.

Le Misanthrope.

Une première fois — dans une scène prodigieuse de l'acte IV où le tourment amoureux n'est plus simple prétexte, mais âpreté d'un dialogue dans lequel Molière et Armande s'affrontent sous l'alibi des personnages — Célimène serait rachetée par l'humanité d'Alceste si le fâcheux ne réapparaissait en Dubois, réveillant la hantise du procès. Une autre fois Célimène, humiliée, délaissée, attend la sanction d'Alceste qui représente tout le sérieux de l'affaire. Ils se séparent enfin sans dévoiler le secret qu'ils auraient pu partager.

Si Alceste n'était pas son propre masque, le Misanthrope ne serait pas une comédie, et le silence pèserait plus lourd. Le comique est un élément essentiel de la sympathie que le personnage inspire. La sincérité d'Alceste se masque en maladie. Il ne peut tolérer physiquement le moindre déguisement de la vérité. Et il faut bien que sa souffrance ait dépassé toutes limites pour qu'il propose à Célimène :

Efforcez-vous ici de paraître fidèle
Et je m'efforcerai, moi, de vous croire telle.

Alceste ne croit plus au visage parce qu'il est grimace, au geste parce qu'il est piège, au langage parce qu'il est mensonge. Il intente un procès aux apparences, aux sens qui trahissent l'âme, à la vie sociale qui avalise les différences individuelles par une lâche complaisance. On a beau jeu à noter ensuite qu'il refuse les usages mêmes qui fondent la civilisation. Contre l'idéal classique de « l'honnête homme » qui dissimule le moi, il revendique le droit de se manifester. Le cœur, l'âme sont l'homme aussi :

Je veux qu'on soit sincère et qu'en homme d'honneur
On ne lâche aucun mot qui ne parte du cœur.
...
Je veux que l'on soit homme et qu'en toute rencontre
Le fond de notre cœur dans nos discours se montre.
...
Je veux voir jusqu'au bout quel sera votre cœur.

On ne voit pas les cœurs. Il faut pourtant élire l'homme en son amitié, sachant qu'il est unique.

Je veux qu'on me distingue. Littéralement, le misanthrope prend le contre-pied de la philanthropie, culte de l'anonymat, du général, de l'irresponsabilité.

L'ami du genre humain n'est pas du tout mon fait. L'amitié, l'estime personnelles, sont seules capables de fonder les relations des hommes entre eux. Le désir de paraître a tout faussé. Alceste ne peut s'accommoder de cette détérioration comme Philinte, ni lutter contre elle. Malgré ses éclats, il la subit et se complaît dans sa position de victime. C'est sa faiblesse. Elle masque mal un besoin d'aimer et d'être aimé qui fait de sa décision finale une solution désespérée. La revendication de l'amitié, le désir et la peur d'être seul, la présence d'une menace, qui parcourent la pièce (*ami* et *trahison* sont avec *grimace* les mots les plus fréquents de son vocabulaire) font mieux mesurer la fragilité d'Alceste *trahi de toute part, accablé d'injustice.* Conforme en cela au rôle-type de Molière, Alceste ne parvient pas à remplir sa condition d'homme responsable. Il se referme sur une bouderie d'enfant, émouvante et gênante. Loin de trouver dans son désert la retraite d'une âme adulte, il va rester *dans son petit coin sombre avec son noir chagrin.*

L'Impasse.

La protestation d'Alceste peut paraître théorique et sans conséquence. Il réprimande le siècle pour ses mœurs sans s'interroger sur les racines du mal. Sa noblesse de cœur ne l'engage pas. Il semble que Molière, craignant d'être entraîné plus loin encore par cet Alceste qu'il ne l'avait été par Tartuffe et par Don Juan, prenne une position de repli. Après avoir donné une actualité nouvelle à des histoires que les Italiens avaient traitées en farces inoffensives, il freine un personnage compromettant. Riposte au monde, le jeu du comédien condamne le siècle en réduisant son héros à l'échec et à la retraite.

Alceste ne fait rien que se retirer d'un jeu dont il refuse les règles. Il ne dit pas tout, mais ses réticences sont assez marquées pour laisser transparaître, en arrière-plan de la comédie officielle, un procès décisif dont le verdict n'a pas été rendu. Le dossier du *Misanthrope* reste ouvert pour toujours. Déjà sous les attaques percent des revendications très graves.

Un auteur à succès prétendait devant Louis Jouvet que la scène du pauvre dans *Don Juan* « est esquivée. Il y avait un développement étonnant à tirer à ce moment-là et à bien d'autres endroits. C'est bâclé. » La Bruyère, trouvant Tartuffe simpliste, le corrigeait par Onuphre. Onuphre est plus subtil mais moins dangereux que Tartuffe. Et nous savons trop quelles suites nos auteurs dramatiques sont capables de donner aux indications de Molière !

Lorsque Alceste réplique au sonnet d'Oronte — que les spectateurs trouvaient sans doute charmant — par la chanson du Roi Henri, on reconnaît à sa véhémence l'écrivain protestant contre le galvaudage de l'art par ceux qui, au nom de la naissance, se vantaient de *juger sans étude et raisonner de tout*. La cour a remplacé les salons. Molière lui réserve la primeur de ses pièces. Il la retrouve sur la scène même de son théâtre, se pavanant et gênant le jeu des acteurs. De ses caprices, de ses intrigues dépend le sort d'une œuvre où l'être du poète s'identifie au théâtre et au salut des comédiens, ses camarades de combat. Les marquis ne sont plus les fantoches inoffensifs dont il parlait dans *l'Impromptu*. Acaste et Clitandre, dans leur suffisance, ont quelque chose de gâté, de sinistre. Clitandre surtout est une petite fripouille habile à louvoyer dans un réseau d'intrigues qui lui permet de faire et défaire les réputations, de gagner ou perdre les procès :

Mon Dieu, de ses pareils la bienveillance importe

. . .

Ils ne sauraient servir mais ils peuvent vous nuire

Et jamais quelqu'appui qu'on puisse avoir ailleurs
On ne doit se brouiller avec ces grands brailleurs.

Quand il honnit *tous les hommes,* Alceste réduit l'humanité à celle qui évolue autour de lui, la cour et les courtisans.
Il ne s'agit pas de morale mais de satire, et celle-ci tire irré-
ristiblement vers la critique sociale. Il met en cause la caste
des gens en place, un certain régime dont la brigue, la con-
cussion, la dénonciation même sont les ferments actifs. Il
n'épargne pas le pouvoir établi. Dévots et gens de justice
ont partie liée. Alceste perd son procès mais la scélératesse
de son adversaire, qui va jusqu'à la dénonciation calomnieuse,
est officieusement encouragée :

Lui ? de semblables tours il ne craint pas l'éclat.
Il a permission d'être franc scélérat
Et, loin qu'à son crédit nuise son aventure,
On l'en verra demain en meilleure posture.

Ainsi se trouve compensé le fameux : *Nous vivons sous*
un prince ennemi de la fraude. Dans cette pièce qui a pour
cadre la haute noblesse, il est fait silence sur le roi. Le seul
trait qui l'évoque est une vantardise de petit maître *fort*
aimé du beau sexe et bien auprès du maître.
Respectons ce silence, en remarquant seulement qu'il
pèse comme une menace. Molière a la faveur du roi, mais
il en mesure la fragilité dans l'affaire Tartuffe et, sous peu,
il la verra s'envoler, capricieuse et hautaine. *Les rois n'aiment*
rien tant qu'une prompte obéissance... Les choses ne sont bonnes
que dans le temps qu'ils le souhaitent... Seul, dans cette
France que Colbert organise comme un spectacle monarchique, Molière a su créer un art qui soit à la fois royal
et populaire. Dans la balance du public, il met dans chacun
des plateaux le roi et le parterre. Est-il assez lucide pour
percer la sordide vérité du règne, ou aveugle au point de se
perdre dans la faveur qui le distingue ?
Entre le prédicateur que protège son sacerdoce, et l'antique
bouffon que défendait une folie plus ou moins simulée, artiste,
artisan et serviteur, Molière peut-il passer de la satire morale
à l'opposition politique ? Le principe même de la monarchie
absolue rend improbable ce saut et la haine clandestine,
impuissante *encore* à atteindre le roi, s'attaque seulement à
Colbert, principal responsable de cet avilissement des nobles,
de cet asservissement des artistes.

Dans le théâtre de Molière, *le Misanthrope* est à la fois un sommet et un cul-de-sac. De cette impuissance acceptée, de cette distorsion qui empêche Alceste de passer à l'opposition politique sous peine de trahir le théâtre, vient sa beauté très particulière. On peut rêver d'un Molière qui eût été le témoin accusateur et prophétique de son temps, qui eût coupé court à ces homélies faciles sur la rencontre d'un règne et d'un art. Ce Molière-là, on le voit se dessiner et se préciser à travers *Tartuffe* et *Don Juan*. Mais dans *le Misanthrope* il va plus loin. Il mandate Alceste et lui donne à divulguer son message indirect :

> *Je ne dis pas cela, mais enfin, lui disais-je* [1]...

Devant son temps, il use de la même supercherie qu'Alceste devant Oronte. Puis c'est le silence et la retraite.

> *Je n'ai point sur ma langue un assez grand empire.*
> *De ce que je dirais, je ne répondrais pas*
> *Et je me jetterais cent choses sur les bras.*

Le mouvement qui pousse Molière est si violent que, faisant son Misanthrope amoureux pour l'apprivoiser, reprenant à son compte la rhétorique des « flammes » et des « liens » et empruntant ses accents les plus forts à des vers écrits depuis cinq ans pour une pièce ratée, il finit par se heurter au comble de l'impudeur. Alceste et Célimène... Molière ne pourra jamais transposer en eux son propre tourment comme il vient de le faire. La rupture d'Alceste avec le siècle et les hommes, sa retraite en ce désert où d'aucuns ont voulu reconnaître Port-Royal, sont pour Molière le signal de se retirer en un autre désert.

---

1. Le film espagnol de J. A. Bardem (1955), *Mort d'un cycliste,* illustre assez bien cette critique indirecte. Un réalisateur mal-pensant parvient à surprendre la méfiance de la censure officielle en camouflant sous un drame sentimental et une satire de mœurs admissibles par les orthodoxes du régime une *critique sociale* très subversive qui trompe le public autochtone mais non le public étranger (ou la postérité).

LA SCAPINADE PROVIDENTIELLE

La sécession d'Alceste, la démission de Molière sont les victoires de la comédie. Une partie gagnée, une autre perdue s'enchaînent. A la tragédie politique esquissée par Corneille, aurait pu correspondre une comédie politique pour marquer l'heure où le règne recevait sa blessure mortelle, facile à camoufler quelque temps encore. Mais la politique passe pour incompatible avec l'art, surtout lorsqu'elle conteste l'ordre établi. Au-delà du *Misanthrope*, quelle audace demeurait possible sans que la censure intervînt, sans que le public fût abusé par une obscurité trop grande ? Après *Tartuffe* et *Don Juan*, la comédie d'Alceste s'est imposée sans heurt et sans éclat parce qu'elle est déjà une limite. Il a fallu la longue expérience des siècles pour que le public cesse de réduire le *Misanthrope* à un chef-d'œuvre d'observation mondaine et de psychologie intérieure.

Molière vient d'explorer les frontières du théâtre, de le soumettre à une expérience contre nature. Il a vaincu mais sans espoir de retour. Acte salubre et héroïque qu'il doit oublier sous peine de rejoindre Alceste dans une solitude proche de l'exil.

Molière, ancien comédien errant, trouve alors sa place exacte dans le cadre du grand règne. La doctrine classique soumet toute entreprise aux perspectives de la gloire royale.

Le Roi-soleil dans le ballet : La Nuit.

Mesures politiques, réalisations techniques, créations artistiques sont censées émaner du génie d'un être, ni homme, ni dieu, qui est le roi. Lorsque Molière monte à Paris, le règne personnel est près de commencer. A sa mort commencent les soubresauts de l'interminable agonie. Pendant quinze ans la nation entière baigne dans le rayonnement du Roi-Soleil.

La Nuit (d'après Gillot).

Quelques pamphlets clandestins, qui s'en prennent à Colbert, n'autorisent pas à nier cette unanimité. Tous les agents de détérioration sont là, mais l'éblouissement est tel que nul ne les voit. A la réalité complexe et contradictoire, Colbert impose sa planification. Asservir les nobles, éblouir le peuple, intimider l'étranger, cela vaut bien de laisser à la postérité la majesté accablante d'un domaine où tout est dédié à l'intelligence et à l'orgueil, rien à la tendresse. Admiration de rigueur. Rien ne vaut que par la faveur du roi. Nulle tentative personnelle, nul écart ne sont tolérés. L'art est officiel. La pompe monarchique est sa tenue normale.

Molière, parmi les premiers, connaît des difficultés. Dans le même temps où les fêtes de Vaux, puis *les Plaisirs de l'île enchantée* enivrent cet ordonnateur-né de réjouissances, *Tartuffe* lui indique comment on perd la caution royale, et *le Misanthrope* est un prélude au silence et aux cabrioles du baladin. Funambule, il va jouer sur d'autres cordes raides. Serviteur et ami, mais courtisan désinvolte (voyez son admirable *Remerciement au Roy*), il saisit la chance inouïe que le monarque lui offre. Il va faire comme si la cour et le parterre formaient son public normal, comme si Versailles avait été conçu pour être le banc d'essai des « Comédiens du Roy ». Puisque le roi et la France ne sont qu'un, en construisant un théâtre royal, il donnera au siècle son seul théâtre populaire. Il rendra définitivement suranné l'héroïsme du vieux Corneille ; et sa brouille avec Racine paraît alors presque providentielle.

Machines.

Une architecture, un cérémonial. Parmi les perspectives géométriques, ces trajectoires d'eau, de pierre, de feu et de feuillages, parmi ces courbes et ces droites parfaites que les avenues, les façades, les bassins immobilisent dans le temps, que les fêtes de nuit émeuvent dans l'espace, éclatent les apothéoses. Pour introduire sans scandale le culte du Roi-Soleil dans l'antique royaume voué à la religion du vrai Dieu, l'équipe des statuaires, peintres et poètes, a choisi une mythologie préalablement nettoyée de tout paganisme dangereux, une allégorie exsangue, la ménagerie des dieux apprivoisés, prêts à payer de toutes les cavalcades et de tous les abaissements les caresses des belles dames et les vers précieux des poètes. Des quinconces les boulingrins descendent en gradins vers la piste ronde ou l'aire carrée des bassins et des parterres. Tout est prêt pour l'appareillage de la fête. Les

magiciens, qui sont le jardinier Lenôtre et le machiniste
Vigarani, dressent leurs murailles de verdure, leurs bosquets
mobiles de cyprès et d'orangers, tendent les tapisseries des
Gobelins, suspendent par centaines les lustres de cristal et
font « venir du bout d'une allée le théâtre tout entier chargé
d'une infinité de personnages qui s'approchent insensible-
ment et qui font une entrée en dansant devant le théâtre. »
(Madame de La Fayette.) Le spectacle est partout. Les dieux
se font princes. Les princes se font comédiens. Et les comédiens, juchés sur des animaux exotiques ou surgissant de
machines effarantes, transportent des corbeilles de fruits qui

Feu d'artifice à Versailles.

ont l'air si vrai qu'on les croirait artificiels : le public des dames de cour se prépare à y mordre à belles dents comme on mordrait des rivales évincées. C'est le temps des métamorphoses où les débris en feu du palais d'Alcine fulgurent aux vents de la nuit, où Armande-Vénus jaillit d'un coquillage pour dire un compliment au roi. Vaux, Fontainebleau, Chambord, le Louvre et puis Versailles : allée du Roy, allée de Saturne.

Bientôt la scène est à la dimension du règne et de ses prestiges. Avec les musiques de Lulli et les chorégraphies de Beauchamp, Molière anime la comédie des amours royales et des intrigues diplomatiques. Par une même irrévérence, les dieux libertins et frondeurs justifient les frasques du roi sur le dos d'Amphitryon, et la Sublime Porte ajoute son ridicule à la folie du bourgeois gentilhomme en qui, sussure la renommée, on doit reconnaître Colbert. En même temps qu'il y gagne une désinvolture certaine, Molière conçoit pour le théâtre des prolongements inédits.

Des coulisses, des cintres, parmi le grincement des poulies, le réseau des cordages, le mouvement des poids et des contrepoids survient Scapin, l'ordonnateur du jeu, le génie de l'intrigue. Un mot se met à éclater en tous lieux : *industrie*, qui signifie à la fois production mécanique et ingéniosité d'esprit, qui évoque aussi bien la machine de Marly, les « gloires » de Torelli et les fourberies de Scapin. Molière découvre les richesses du spectacle à machines dont il introduit les derniers perfectionnements au Palais-Royal, lorsqu'il le remanie en 1671.

A force de préparer, à l'abri du rideau de scène, les miracles poussifs du trompe-l'œil et du feu de Bengale, la machine et la perspective linéaire, pour mieux épater le bourgeois, vont bientôt mettre le théâtre à mal. Pour l'heure, elles sont de bons auxiliaires du merveilleux théâtral. Et d'ailleurs, chacun joue franc-jeu. Ouvert au début du spectacle, fermé à la fin, le rideau de scène ne se fait complice d'aucun truquage. Le changement à vue est de rigueur et les machines, loin de le dissimuler, se font gloire de leur appareillage technique.

Scapin.

Le comédien Molière donne à son théâtre les enrichissements de la symphonie, de la danse et des machines. Devant ces spectacles, souvent construits des matériaux les moins bons de l'époque, galanteries pastorales et princières, les dissertations rituelles sur la pensée de Molière sombrent dans le ridicule. Le poète livre sa bouffonnerie aux entreprises du musicien et du danseur qu'il surveille sous le masque d'un pitre discret, Moron de *la Princesse d'Élide* ou Clitidas des *Amants Magnifiques*. Il achève ces chefs-d'œuvres : *Georges Dandin, Monsieur de Pourceaugnac, le Bourgeois Gentilhomme, le Malade imaginaire*. Mais il mène plus loin son entreprise. Musique, danse, machines d'une part, Tartuffe, Don Juan, Alceste de l'autre, ont rendez-vous avec Scapin en ce lieu scénique qui est en même temps place des fêtes et carrefour des rencontres, qui réalise un compromis entre les villes légendaires bâties par les décorateurs italiens de la Renaissance et l'ancien champ de foire. Scapin est devenu l'homme-orchestre, le chœur de ballet et le machiniste suprême : *l'ingénieur*. A deux pas d'accomplir son destin, Molière offre son valet-Protée en hommage à la *commedia dell'arte*. Avec une gaieté riche de toutes les audaces passées et dépassées, Molière débouche sur ce site napolitain frais comme une aquarelle, abstrait comme une épure, ouvert à tous les vents comme un tréteau forain. Il y rencontre son double et son témoin dans la compagnie des fantoches de l'équipée burlesque, Arlequin et Charlot.

Issu de la cohorte des Zanni, et l'un des plus obscurs, bien que son sosie Brighella ait fourni à Arlequin un pendant digne de lui, Scapin attendait d'être mis en forme par Molière. Il endosse le « sac » de Scapin dont Boileau parle avec un mépris de pédant. Passées les épreuves, renoncées les audaces, il s'émerveille que les unes et les autres lui aient à ce point assoupli le corps et l'âme que les cabrioles et les mines de Scapin aient une classe, une aisance inconnues de Mascarille. *Les Fourberies de Scapin* s'apparentent aux malheurs de Sophie, aux tribulations de Candide, aux aventures de Charlot. Tantôt le personnage subit une métamorphose tantôt c'est l'aventure qui dérive. Jamais le héros n'évolue dans la durée. Figé dans son masque, son uniforme et son nom, il procède par sauts, existe par intermittences. Lorsqu'il n'est plus en jeu, il s'évanouit dans un sommeil hivernal ou dans la flânerie. Son domaine est le hasard, et la rencontre sa chance. Il cherche à reprendre corps au contact de l'aventure, c'est-à-dire du théâtre. La condition de vagabond ou le climat napolitain lui sont favorables : « Ce jour-là, dit la chronique, Charlot vagabondait par les rues de la Ville. » C'est précisément dans une de ces vacances parfaites qu'Octave rencontre Scapin au début des *Fourberies*. Mais celui-ci n'est pas un fantoche comme les autres. Oublions Arlequin et Charlot, ces aventuriers épiques, ces vagabonds de l'infini, pour considérer les passants, Mascarille et Sganarelle. Ils n'ont ni l'ubiquité, ni l'abondance, ni l'autorité des premiers. Il y a le cycle Mascarille et le cycle Sganarelle ; au lieu que Scapin, Molière l'épuise par une cascade de gags ; il s'en saoule, le démonte et, pour finir, l'escamote, simulacre goguenard du cadavre sur la civière burlesque. Il n'y a pas de cycle Scapin, il y a *les Fourberies*.

Scapin assume une triple fonction au service de la comédie humaine :

Le valet : Être servile, Scapin baguenaude entre la couardise et l'impertinence. Il n'est pas faux de voir en lui le reflet négatif du maître dont il a les vices sans la fierté. Mais cela est vrai davantage de Sganarelle, ombre démoniaque de Don Juan ; Sosie, marionnette coincée entre les dieux et les grands de ce monde. Complices conscients, incapables de ressaisir leur humanité dispersée au gré des caprices du maître, ils finissent par prendre goût à ce jeu des *moi* échangés dont Sosie est la victime d'élite :

> *Ce moi qui le seul moi veut être,*
> *Ce moi de moi-même jaloux...*

Les amours ancillaires doublent par dérision celles du maître et la symétrie des dépits amoureux souligne le double jeu de la comédie. Mais l'impertinence du valet est inefficace parce qu'il ne se connaît pas humilié. Affranchi mais non libéré, il a gardé la mentalité de l'esclave romain et devra multiplier les prises de conscience (à travers Molière, puis Marivaux) avant que Figaro en vienne à contester le privilège du maître. Toutefois Scapin réussit à se soustraire à toute dépendance effective en se livrant corps et âme à la comédie. C'est une ombre indocile qui s'est hissée, ainsi que l'a vu Jacques Copeau, au rang de grand premier rôle. Le voit-on réellement servir Léandre ? Il écrase ses partenaires.

Il ne s'acoquine d'aucune femelle. En entrant dans la peau de Molière, il devient comme lui valet du seul théâtre.

Le fourbe : Le maître a recours au valet pour ses canailleries intimes. Scapin et ses compères respirent dans un élément où l'équivoque le dispute à la clandestinité et au mensonge. Le besoin créant la fonction, la fourberie devient la faculté maîtresse, la vertu cardinale qui leur permet de s'affirmer face à l'obstacle et à l'adversaire.

HALI : *Le courroux du point d'honneur me prend ; il ne sera pas dit qu'on triomphe de mon adresse ; ma qualité de fourbe s'indigne de tous ces obstacles et je prétends faire éclater les talents que j'ai eus du ciel.*

Les Fourberies de Scapin au théâtre Récamier

SCAPIN : *J'ai sans doute reçu du ciel un génie assez beau pour toutes les fabriques de ces gentillesses d'esprit, de ces galanteries ingénieuses à qui le vulgaire ignorant donne le nom de Fourberies.*

Voyez comme ils se sentent investis de la confiance céleste et comme ils prétendent parfaire la démarche bienveillante de la providence. C'est que, véritables démiurges, dans ce monde étroit et frelaté qu'ils ont pour tâche d'apprivoiser, ils représentent l'intelligence déliée de toute entrave, de tout préjugé, de tout scrupule. Les Géronte y promènent une humanité délabrée par le vice. Les petits maîtres sont déterminés par la vanité et par l'égoïsme. Les jeunes filles ont des effarouchements moqueurs et des gentillesses éplorées.

Même scène par le Théâtre Marocain
(Théâtre Sarah Bernhardt).

Avec la complicité du ciel et du théâtre, par le jeu de l'amour et de l'argent, Scapin prend à son piège ceux-là mêmes qui l'ont bafoué et, par une succession de drôleries, il en fait de purs objets de comédie.

L'ordonnateur : C'est que, grâce à Scapin, Molière valorise l'accessoire. En cela réside le vrai réalisme. Parmi ceux qui interviennent dans la comédie de Molière, signalons les signes de la possession (cassette, bourse, clefs), de la jouissance (tabatière, bouteille, plat garni), de la frivolité (miroir, ruban, bijou), de la dénonciation (billet, portrait), de la répression (bâton, épée). En leur repos insolite, les objets de la comédie sont comme les trapèzes, les anneaux, les échelles de cordes et tout l'appareillage vaguement maléfique des agrès au chapiteau du cirque. Ils sont mis en jeu par la même magie qui les escamote. Le bâton danse sur le dos de Géronte, le billet de Célimène attise le chagrin d'Alceste, les seringues tirent à bout portant sur Pourceaugnac, et le chapeau de Monsieur Jourdain le sacre à la fois mamamouchi et fantoche de l'éternelle comédie. Le personnage trébuche sur l'objet et parfois se laisse gagner par sa matérialité sournoise. Geste raide, langage stéréotypé, masque figé, il n'est plus qu'inhumanité encombrante ou fascinante. Tels sont les notaires, les médecins, les pédants qui se jettent dans les jambes du protagoniste. Il arrive à celui-ci de jongler avec eux. Voyez l'élégance de Don Juan quand il est aux prises avec le fâcheux-type, le créancier et comme au contraire Sganarelle s'empêtre en Monsieur Dimanche ! Il n'arrive rien d'autre à Alceste.

Scapin éprouve sur Géronte les limites de son pouvoir. Transformant les jeux du théâtre en rites magiques, à mesure qu'il tasse à coups de bâton la chose inhumaine enfermée dans le sac, il exalte son personnage, multiplie sa voix, son accent, sa présence et peuple à lui seul l'univers. Il finit par s'enchanter lui-même et par oublier l'objet de son jeu. Alors Géronte prend sa revanche.

Détrônant le Mascarille des débuts, *fourbum imperator*, Scapin a reçu de Molière le sacrement du comique. Il crée une équivoque entre le théâtre et la vie, entre le spectacle et la rue. Il peut bondir de la coulisse sur la scène, puis dans la salle, puis dans la ville, sans sortir de son élément, car tout devient théâtre sous ses pas. Créature sans lien avec la nature à laquelle Molière entendait demeurer fidèle, Scapin se situe au-delà de ses modèles, de ses démons, au-delà de Molière lui-même qui a pu le capturer un instant et se saouler de son galop. Par son jeu sans merci, par sa faconde et son universalité il est le Hamlet de la farce. Ou, comme cet autre acteur shakespearien, Prospero, il surveille à l'angle d'un portant les courriers dérisoires de l'humanité blottie dans l'ombre. Il déchaîne sur eux ses fourberies, toujours prêt à renoncer à ses pouvoirs pour accueillir ces pantins, pourvu qu'un brin de sagesse leur vienne. Mais il n'y a pas de réconciliation possible. Aussi traître que Tartuffe, aussi démoniaque que Don Juan, aussi solitaire qu'Alceste, il sauvegarde le pouvoir de rire et de faire rire, parce qu'il s'est dépossédé (j'allais dire décrassé) de toute humanité et qu'ainsi, ne compromettant que lui, il permet à Molière de jouer le jeu jusqu'au bout. Quand dans un dernier éclat de rire la comédie l'emporte sur sa civière, son clin d'œil ne va pas au public mais à Jean-Baptiste Poquelin, dit Molière auquel il fixe un prompt rendez-vous.

L'Impromptu de Molière

Voici qui n'est qu'un jeu. Il voudrait seulement être révélateur. Au public curieux de voir Molière défini par lui-même, Molière parle par la bouche de ses personnages. Pour donner une unité et une règle à notre divertissement, nous lui avons attribué ce qui, dans les propos d'Alceste, de Scapin, de Georges Dandin et de tant d'autres nous a paru exprimer directement ou indirectement sa pensée. Seul le meneur de jeu prononce une harangue fictive.

Le théâtre s'ouvre à l'agréable bruit de quantité d'instruments ; et d'abord il offre aux yeux une vaste mer bordée de chaque côté de quatre grands rochers, dont le sommet porte chacun un fleuve accoudé sur les marques de ces sortes de déités. Au pied de ces rochers sont douze tritons de chaque côté, et dans le milieu de la mer quatre amours montés sur des dauphins, et derrière eux le dieu Éole, élevé au-dessus des ondes sur un petit nuage. Éole commande aux vents de se retirer ; et tandis que quatre amours, douze tritons et huit fleuves lui répondent, la mer se calme, et du milieu des ondes on voit s'élever une île. Huit pêcheurs sortent du fond de la mer avec des nacres de perles et des branches de corail, et, après une danse agréable, vont se placer chacun sur un rocher au-dessous d'un fleuve. Le chœur de la musique annonce la venue de Neptune ; et, tandis que ce dieu danse avec sa suite, les pêcheurs, les tritons et les fleuves accompagnent ses pas de gestes différents et de bruits de conques de perles. Tout ce spectacle est une magnifique galanterie dont l'un des princes régale sur la mer la promenade des princesses.

Ainsi nous est décrit le premier intermède des Amants Magnifiques. *Laissons Molière revenir à lui-même et tirer la leçon
de ces premiers essais de « théâtre total ».*

Fâcheux
Préface

C'est un mélange qui est nouveau pour
nos théâtres, et dont on pourrait chercher
quelques autorités dans l'antiquité, et comme
tout le monde l'a trouvé agréable, il peut
servir d'idées à d'autres choses, qui pour-
raient être méditées avec plus de loisir.

*Le théâtre plonge à présent dans le silence et dans la pénombre
propices à toutes les métamorphoses et à toutes les rencontres.
Les portants accotés aux murs, la masse des praticables, les
perches hérissées, les cordages ballants suffisent à le meubler.
Çà et là une défroque désincarnée, un masque au regard vide.*
*Le principal interlocuteur de Molière sera un fâcheux, en
l'occurrence le critique-érudit. Le meneur de jeu, à la fois fourbe
et bonimenteur, a pris l'allure générale de Scapin. Molière dispose ses troupes. Elles ont un pied dans la réalité du côté des
acteurs, un autre dans l'imaginaire, côté personnages.*

Amour peintre, 1

MOLIÈRE - Chut, n'avancez pas davantage
et demeurez dans cet endroit jusqu'à ce que
je vous appelle. Il fait noir comme dans un
four. Le ciel s'est habillé ce soir en Scaramouche, et je ne vois pas une étoile qui
montre le bout de son nez...

2

... Voicy tout juste un lieu propre à servir
de scène et voilà deux flambeaux pour éclairer
la comédie... *(Il aperçoit le critique. Sur une
interrogation muette de celui-ci)* Voicy des
voix et des instruments pour célébrer la
Fête. Ce sont gens que je mène avec moi
et dont je me sers tous les jours pour pacifier
avec leurs harmonies les troubles de l'esprit...
Moi je guéris par des paroles, par des sons,
par des lettres, par des talismans et par des
anneaux constellés.

Amour médecin
III, 5

Pourceaugnac I, 1

(Avec condescendance) Ne nous demandez
point tous les ressorts que nous ferons jouer,
vous en aurez le divertissement ; et comme
aux comédies, il est bon de vous laisser le
plaisir de la surprise et de ne vous point
avertir de ce qu'on vous fera voir : c'est assez

de vous dire que nous avons en main divers stratagèmes tout prêts à produire dans l'occasion. *(En coulisse, et furtivement, désignant l'intrus)* Il s'est fait depuis peu une certaine mascarade qui vient le mieux du monde ici, et que je prétends faire entrer dans une bourle que je veux faire à notre ridicule. Tout cela sent un peu sa comédie, mais avec lui on peut hasarder toute chose, il n'y faut point chercher tant de façon et il est homme à y jouer son rôle à merveille, à donner aisément dans toutes les fariboles qu'on s'avisera de lui dire. J'ai les acteurs, j'ai les habits tout prêts, laissez-moi faire seulement... De votre côté vous nous tiendrez prêts au besoin les autres acteurs de la comédie. *(Goguenard)* C'est une imagination burlesque. Ce sera peut-être plus heureux que sage. *(Devant l'air de plus en plus ahuri du critique)* Ma foi, Monsieur X, nous vous en donnerons de toutes les façons ; les choses sont préparées et je n'ay qu'à frapper. *(Il frappe les trois coups.)* Allons donc, Messieurs et Mesdames, vous moquez-vous avec votre longueur et ne voulez-vous pas tous venir ici ? La peste soit des gens. Holà ho, M. de Brécourt, M. de la Grange, M. du Croisy, Mlle du Parc, Mlle Béjart, Mlle de Brie, Mlle du Croisy, Mlle Hervé. Je crois que je deviendrai fou avec ces gens-ci. Eh testebleu ! Messieurs ne voulez-vous faire aujourd'hui ?

... Ah ! les étranges animaux à conduire que les comédiens !

Les comédiens entrent en foule tumultueuse. Le critique fait timidement observer qu'il a demandé une interview intime.

MOLIÈRE - En ce cas, Monsieur, je vous déclare que je renonce à la comédie, et je n'y saurais prendre du plaisir, lorsque la compagnie n'est pas nombreuse. Croyez-moi, si vous voulez vous bien divertir, qu'on dise à nos gens de laisser entrer toute la ville.

Bourgeois III-15

Pourceaugnac I-2

Malade III-2

Pourceaugnac I-3

Impromptu 1

Escarbagnas 4

Aussitôt dit, aussitôt fait. Le critique se fait tout petit. Les comédiens semblent affolés. Il s'agit d'un véritable impromptu. Que vont-ils faire ? Que vont-ils dire ?

Impromptu 1

MOLIÈRE - Et n'ai-je à craindre que le manquement de mémoire ? Ne comptez-vous pour rien l'inquiétude d'un succès qui ne regarde que moi seul ? Et pensez-vous que ce soit une petite affaire que d'exposer quelque chose de comique devant une assemblée comme celle-ci ? Que d'entreprendre de faire rire des personnes qui nous impriment le respect et ne rient que quand elles veulent ? Est-il auteur qui ne doive trembler lorsqu'il en vient à cette épreuve ?

L'érudit insinue que Molière a limité son ambition à faire le métier de pitre.

Critique 6

MOLIÈRE - Je trouve qu'il est bien plus aisé de se guinder sur de grands sentiments, de braver en vers la fortune, accuser les destins et dire des injures aux dieux, que d'entrer comme il faut dans le ridicule des

hommes et de rendre agréablement sur le
théâtre les défauts de tout le monde.

(Contemplant rêveusement le public attentif)
C'est une étrange entreprise que celle de faire
rire les honnêtes gens.

*Le critique fait remarquer que tous les moyens ne sont pas bons
pour obtenir ce résultat, qu'il est certaines règles qui, entre autres
avantages, facilitent grandement la tâche de ceux qui font profession d'expliquer et de juger les pièces.*

MOLIÈRE - Vous êtes de plaisantes gens avec
vos règles dont vous embarrassez les ignorants, et nous étourdissez tous les jours. Il
semble, à vous ouïr parler, que ces règles
de l'art soient les plus grands mystères du
monde, et cependant ce ne sont que quelques
observations aisées que le bon sens a faites
sur ce qui peut ôter le plaisir que l'on prend
à ces sortes de poèmes ; et le même bon sens,
qui a fait autrefois ces observations, les fait
aisément tous les jours sans le secours
d'Horace et d'Aristote... Je voudrais bien
savoir si la grande règle de toutes les règles
n'est pas de plaire et si une pièce qui a attrapé
son but n'a pas suivi un bon chemin...
(ironique). Car, enfin, si les pièces qui sont
selon les règles ne plaisent pas, et que celles
qui plaisent ne soient pas selon les règles,
il faudrait de nécessité que les règles eussent
été mal faites.

*Comme le critique insiste sur ce que le succès est un piètre
garant de la qualité, Molière réplique.*

Précieuses
Préface
Fâcheux
Avertissement

Précieuses
Préface

École des Femmes
Préface

MOLIÈRE - Le public est le juge absolu de
ces sortes d'ouvrages... Je tiens aussi difficile
de combattre un ouvrage que le public
approuve que d'en défendre un qu'il condamne... Quand j'aurais eu la plus mauvaise
opinion du monde de mes *Précieuses Ridicules* avant leur représentation, je dois croire
maintenant qu'elles valent quelque chose,
puisque tant de gens ensemble en ont dit du
bien... Bien des gens ont frondé d'abord ma

comédie ; mais les rieurs ont été pour elle, et tout le mal qu'on en a pu dire n'a pas pu faire qu'elle n'ait eu un succès dont je me contente... Veut-on que tout un public s'abuse sur ces sortes de choses, et que chacun n'y soit pas juge du plaisir qu'il y prend ?

... Moquons-nous donc de cette chicane où ils veulent assujettir le goût du public, et ne consultons dans une comédie que l'effet qu'elle fait sur nous. Laissons-nous aller de bonne foi aux choses qui nous prennent par les entrailles, et ne cherchons point de raisonnement pour nous empêcher d'avoir du plaisir.

Ainsi est posé le problème du public. Celui-ci occupe le parterre, turbulent, sans pitié. En voilà, dit le critique, qui semblent peu qualifiés pour juger la valeur des pièces.

MOLIÈRE - Vous êtes donc de ces messieurs du bel air qui ne veulent pas que le parterre ait du sens commun, et qui seraient fâchés d'avoir ri avec lui, fût-ce de la meilleure chose du monde ?... Apprenez que le bon sens n'a point de place déterminée à la comédie ; que la différence du demi-louis d'or et de la pièce de quinze sols ne fait rien du tout au bon goût ; que, debout et assis, l'on peut donner un mauvais jugement, et qu'enfin, à le prendre en général, je me fierais assez à l'approbation du parterre, par la raison qu'entre ceux qui le composent, il y en a plusieurs qui sont capables de juger d'une pièce selon les règles, et que les autres n'en jugent que par la bonne façon d'en juger, et qui est de se laisser prendre aux choses, et de n'avoir ni prévention aveugle, ni complaisance affectée, ni délicatesse ridicule.

Mais le public élégant, celui qui fait et défait les réputations, est-il plus qualifié pour jouer son rôle ? Molière développe sa réponse en deux temps, exécutant les snobs, distinguant les gens de qualité.

MOLIÈRE - J'enrage de voir ces gens qui se traduisent en ridicules, malgré leur qualité ; de ces gens qui décident toujours et parlent hardiment de toutes choses sans s'y connaître ; qui dans une comédie se récrieront aux méchants endroits, et ne branleront pas à ceux qui sont bons ; qui, voyant un tableau, ou écoutant un concert de musique, blâment de même et louent tout à contresens, prennent par où ils peuvent les termes de l'art qu'ils attrapent, et ne manquent jamais de les estropier et les mettre hors de place.

... Sachez pourtant, s'il vous plaît que les courtisans ont d'aussi bons yeux que d'autres, qu'on peut être habile avec un point de Venise et des plumes aussi bien qu'avec une perruque courte et un petit rabat uni ; que la grande épreuve de toutes nos comédies, c'est le jugement de la cour ; que c'est son goût qu'il faut étudier pour trouver l'art de réussir ; qu'il n'y a point de lieu où les décisions soient si justes.

Il y a enfin le maître auquel Molière a décidé de plaire. Une légère amertume est sensible dans la réponse de ce dernier.

Mon Dieu, Monsieur, les rois n'aiment rien tant qu'une prompte obéissance et ne se plaisent point du tout à trouver des obstacles. Les choses ne sont bonnes que dans le temps qu'ils les souhaitent ; et leur en vouloir reculer divertissement est en ôter pour eux toute la grâce. Ils veulent des plaisirs qui ne se fassent point attendre, et les moins préparés leur sont toujours les plus agréables : nous ne devons jamais nous regarder dans ce qu'ils désirent de nous, nous ne sommes que pour leur plaire ; et, lorsqu'ils nous ordonnent quelque chose, c'est à nous à profiter vite de l'envie où ils sont.

Quelques doctes, mi-auteurs, mi-critiques, se sont glissés au premier rang. Ils encouragent le zélateur venu confondre ce pitre qui se mêle d'écrire. Molière se fait sarcastique :

Ce serait une chose plaisante à mettre sur le théâtre que leurs grimaces et leurs raffinements ridicules, leur vicieuse coutume d'assassiner les gens de leurs ouvrages, leur friandise de louanges, leurs ménagements de pensée, leurs trafics de réputation, et leurs ligues offensives, aussi bien que leurs guerres d'esprit et leurs combats de prose et de vers.

(Avec plus de violence encore)

Il semble à trois gredins, dans leur petit cerveau,
Que pour être imprimés et reliés en veau,
Les voilà dans l'État d'importantes personnes ;
Qu'avec leur plume ils font les destins des couronnes ;
Qu'au moindre petit bruit de leurs productions
Ils doivent voir chez eux voler les pensions ;
Que sur eux l'univers a la vue attachée ;
Que partout de leur nom la gloire est épanchée
Et qu'en science ils sont des prodiges fameux,
Pour savoir ce qu'ont dit les autres avant eux,
Pour avoir eu trente ans des yeux et des oreilles,
Pour avoir employé neuf ou dix mille veilles
A se bien barbouiller de grec et de latin,
Et se charger l'esprit d'un ténébreux butin
De tous les vieux fatras qui traînent dans les livres ;
Gens qui de leur savoir paraissent toujours ivres,
Riches, pour tout mérite, en babil importun,
Inhabiles à tout, vides de sens commun,
Et pleins d'un ridicule et d'une impertinence
A décider partout l'esprit et la science.

« Venons aux comédiens », *dit le critique. Chef d'une troupe de province, comment Molière peut-il envisager sérieusement de rivaliser avec les Grands Comédiens de l'Hôtel de Bourgogne, dépositaires du grand style ? Molière hausse dédaigneusement les épaules :*

MOLIÈRE - Comme leurs jours de comédie sont les mêmes que les nôtres, à peine ai-je été les voir que trois ou quatre fois depuis que nous sommes à Paris.

D'où vient la hargne qu'ils manifestent à son égard ?

MOLIÈRE - Le plus grand mal que je leur aie fait, c'est que j'ai eu l'honneur de plaire un peu plus qu'ils n'auraient voulu, et tout leur procédé depuis que nous sommes à Paris a trop marqué ce qui les touche ; mais laissons-les faire tant qu'ils voudront ; toutes leurs entreprises ne doivent pas m'inquiéter. Ils critiquent mes pièces, tant mieux, et Dieu me garde d'en faire jamais qui leur plaise, ce serait une mauvaise affaire pour moi.

Par leur outrance ils ont vicié le goût du public, et les auteurs eux-mêmes ne savent plus ce qu'est le vrai naturel.

Impromptu 1

J'avais songé à une comédie où il y aurait eu un poète, que j'aurais représenté moi-même, qui serait venu pour offrir une pièce à une troupe de comédiens nouvellement arrivés de la campagne : « Avez-vous, aurait-il dit, des acteurs et des actrices qui soient capables de bien faire valoir un ouvrage ? Car ma pièce est une pièce... Eh ! Monsieur, auraient répondu les comédiens, nous avons des hommes et des femmes qui ont été trouvés raisonnables partout où nous avons passé. — Et qui fait les rois parmi vous ? — Voilà un acteur qui s'en démêle parfois. — Qui, ce jeune homme bien fait ? Vous moquez-vous ? Il faut un roi qui soit gros et gras comme quatre, un roi, morbleu, qui soit entripaillé comme il faut, un roi d'une vaste circonférence, et qui puisse remplir un trône de la belle manière ! »

Éclat de rire général. Le critique se fait perfide. Pourquoi devant les attaques personnelles de ses rivaux Molière reste-t-il si discret dans la riposte ?

Impromptu 5   J'enrage de vous ouïr parler de la sorte... Vous voudriez que je prisse feu d'abord contre eux et qu'à leur exemple j'allasse éclater promptement en invectives et en injures. Le bel honneur que j'en pourrais tirer, et le grand dépit que je leur ferais ! Ne se sont-ils pas préparés de bonne volonté à ces sortes de choses et, lorsqu'ils ont délibéré s'ils jouaient *le Portrait du Peintre*, sur la crainte d'une riposte, quelques-uns d'entre eux n'ont-ils pas répondu « Qu'il nous rende toutes les injures qu'il voudra, pourvu que nous gagnions de l'argent ? » N'est-ce pas là, la marque d'une âme fort sensible à la honte, et ne me vengerais-je pas bien d'eux en leur donnant ce qu'ils veulent bien recevoir !

Alors Molière devient grave. Il brise les conventions du jeu théâtral pour parler d'homme à homme à ses ennemis invisibles.

Impromptu 5   Je ne prétends faire aucune réponse à toutes leurs critiques et leurs contre-critiques. Qu'ils disent tous les maux du monde de mes pièces, j'en suis d'accord. Qu'ils s'en saisissent après nous, qu'ils les retournent comme un habit pour les mettre sur leur théâtre, et tâcher à profiter de quelque agrément qu'on y trouve et d'un peu de bonheur que j'ai, j'y consens : ils en ont besoin, et je serai bien aise de contribuer à les faire subsister, pourvu qu'ils se contentent de ce que je puis leur accorder avec bienséance. La courtoisie doit avoir des bornes, et il y a des choses qui ne font rire ni les spectateurs ni celui dont on parle. Je leur abandonne de bon cœur mes ouvrages, ma figure, mes gestes, mes paroles, mon ton de voix et ma façon de réciter, pour en faire et dire tout ce qu'il leur plaira, s'ils peuvent en tirer quelque avantage. Je ne m'oppose point à toutes ces choses, et je serai ravi que cela puisse réjouir le monde ; mais, en leur abandonnant tout cela, ils me doivent faire la grâce de me laisser le reste, et de ne point toucher à des matières de la nature de celles sur lesquelles on m'a dit qu'ils m'attaquaient dans leurs comédies. C'est de quoi je prierai civilement cet honnête monsieur qui se mêle d'écrire pour eux ; et voilà toute la réponse qu'ils auront de moi.

Soucieux de changer le ton du débat, le critique reconnaît que le théâtre de Molière est riche en personnages taillés en pleine pâte d'humanité. Mais il prétend que son réalisme aura sous peu tari ses sources d'inspiration. Un spectateur du parterre, dont l'habit ne porte la marque d'aucune époque, dit alors :

Impromptu 4   Plus de matière ? Eh ! mon pauvre Monsieur, nous lui en fournirons toujours assez, et nous ne prenons guère le chemin de nous rendre sages pour tout ce qu'il fait et tout ce qu'il dit. Crois-tu qu'il ait épuisé dans ses comédies tout le ridicule des hommes ? Et sans sortir de la cour, n'a-t-il pas encore vingt caractères de gens où il n'a point touché ?... Molière aura toujours plus de sujets qu'il n'en voudra, et tout ce qu'il a touché jusqu'ici n'est rien que bagatelle, au prix de ce qui reste. *Cependant* comme l'affaire de la comédie est de représenter en général tous les défauts des hommes, et principalement des hommes de notre siècle, il est impossible à Molière de faire aucun caractère qui, ne rencontre quelqu'un dans le monde ; et, s'il faut qu'on l'accuse d'avoir songé à toutes les personnes, où l'on peut trouver les défauts qu'il peint, il faut sans doute qu'il ne fasse plus de comédies.

Fâchés d'un bavardage qui les dépouille sans vergogne, les personnages de Molière envahissent la scène. A la torture des commentaires, ils préfèrent encore celle de l'interprétation. A leur manière, ils interprètent le paradoxe du comédien.

UN PERSONNAGE *(arpentant le plateau).*

Escarbagnas 8   C'est le lieu qu'il me faut... *(Au public)* Un théâtre public pour vous dire avec plus d'éclat vos vérités !

SON COMPÈRE *(en lorgnant du côté de Molière).*

Pourceaugnac II-3   Je puis vous dire les choses sans trop blesser ma conscience. Mais tâchons de vous les dire le plus doucement qu'il nous sera possible et d'épargner le plus de gens que nous pourrons.

A présent les acteurs sont en proie aux personnages.

Amphitryon Prologue   DEUX ACTEURS - Je ne comprends pas tous les déguisements qui lui viennent en tête.

— Il veut goûter par là toutes sortes d'éclats et c'est agir en dieu qui n'est pas bête.

Médecin I-5   UN ACTEUR COSTUMÉ - Messieurs, je suis tout ce qu'il vous plaira.

UN ACTEUR ET UN PERSONNAGE

Amphitryon III-3   — Souffre qu'au moins je sois ton ombre...

I-1   Je te serai partout une ombre si soumise Que tu seras content de moi

— Être ce que je suis est-il en ta puissance ? Et puis-je cesser d'être moi ?

Mais si tu l'es, dis-moi, que veux-tu que je sois ?

Car enfin faut-il bien que je sois quelque chose.

I-1   — Je me suis d'être deux senti l'esprit blessé.

Pourceaugnac I-2 MOLIÈRE - Pour sa figure, je ne veux point vous en parler ; vous verrez de quel air la nature l'a dessinée et si l'ajustement qui l'accompagne y répond comme il faut.

Prisonnier de la comédie le personnage tente vainement de s'échapper.

Amour médecin
scène dernière LE PERSONNAGE - Comment diable ! Laissez-moi aller. Laissez-moi aller, vous dis-je ! Encore ! Peste des gens !

Survient le meneur de jeu, qui pourrait être Scapin.

Pourceaugnac I-2 MOLIÈRE - Voilà un illustre !

Ayant donné une bourrade amicale à Molière, le meneur de jeu annonce la distribution de base. Ainsi se dessine le schéma de la comédie moliéresque ayant en son centre le couple des jeunes amoureux. Tout part d'eux, tout doit finir par eux. Près d'eux, l'ami, souvent valet ou soubrette et l'ennemi, l'adulte.

Amour médecin
III-3 LA SOUBRETTE - Je ne puis voir deux amants soupirer l'un pour l'autre, qu'il ne me prenne une tendresse charitable et un désir ardent de soulager les maux qu'ils souffrent.

Don Juan I-2 L'ADULTE - Je ne puis souffrir de les voir si bien ensemble, le dépit allume mes désirs et je me figure un plaisir extrême à pouvoir troubler leur intelligence et rompre cet attachement dont la délicatesse de mon cœur se trouve offensée.

Entre Alceste qui balaie tout le monde du geste.

Misanthrope I-1 ALCESTE - Mes yeux sont trop blessés, et la cour et la ville
Ne m'offrent rien qu'objets à m'échauffer la bile.
J'entre en une humeur noire, en un chagrin profond
Quand je vois vivre entre eux les hommes comme ils font.

Entrent les fous, les maniaques, tous ceux à qui le vice ou la bêtise donnent une raideur menaçante. Le meneur de jeu les présente les uns après les autres sur le ton du bonimenteur :

Avare I-5 LE MENEUR DE JEU - Il y a de certains esprits qu'il ne faut prendre qu'en biaisant, des tempéraments ennemis de toute résistance,

161

des naturels rétifs que la vérité fait cabrer, qui toujours se roidissent contre le droit chemin de la raison.

Malade II-5 N° *1*. Thomas Diafoirus ! - Il est ferme dans la dispute, fort comme un turc sur ses principes, ne démord jamais de son opinion et poursuit un raisonnement jusque dans le dernier recoin de la logique ; mais sur toutes choses ce qui me plaît en lui et en quoi il suit mon exemple, c'est qu'il s'attache aveuglément aux opinions de nos anciens et que jamais il n'a voulu comprendre ni écouter les raisons et les expériences des prétendues découvertes de notre siècle.

(Diafoirus disparaît par la trappe d'où émane une odeur de pédanterie et de casuistique formelle).

Avare II-4 N° 2. Le Seigneur Harpagon est de tous les humains, l'humain le moins humain ; le mortel de tous les mortels le plus dur et le plus serré. Il n'est point de service qui pousse sa reconnaissance jusqu'à lui faire ouvrir les mains.

(Harpagon sort, caressant sa cassette).

Don Juan I-1 N° 3. Vous voyez en *Don Juan*, mon maître, le plus grand scélérat que la terre ait jamais porté, un enragé, un chien, un diable, un turc, un hérétique, qui ne croit ni ciel, ni saint, ni Dieu, ni loup garou, qui passe cette vie en véritable brute, un épouseur à tous les diables...

Un grand seigneur méchant homme est une terrible chose.

Don Juan tombe foudroyé. L'éclairage baisse jusqu'à devenir sinistre. Le meneur de jeu annonce Tartuffe, ou l'hypocrite. Aussitôt la cabale s'éveille dans la salle. Molière s'avance et s'adresse au public.

Tartuffe
Préface MOLIÈRE - Voici une comédie dont on a fait beaucoup de bruit, qui a été longtemps persécutée ; et les gens qu'elle joue ont bien fait voir qu'ils étaient plus puissants en France que tous ceux que j'ai joués jusqu'ici... Les

hypocrites n'ont point entendu raillerie. Ils se sont effarouchés d'abord et ont trouvé étrange que j'eusse la hardiesse de jouer leurs grimaces et de vouloir décrier un métier dont tant d'honnêtes gens se mêlent. C'est un crime qu'ils ne sauraient me pardonner ; et ils se sont tous armés contre ma comédie avec une fureur épouvantable. Ils n'ont eu garde de l'attaquer par le côté qui les a blessés : Ils sont trop politiques pour cela et savent trop bien vivre pour découvrir le fond de leur âme. Suivant leur louable coutume, ils ont couvert leurs intérêts de la cause de Dieu ; et le Tartuffe, dans leur bouche, est une pièce qui offense la piété. Elle est, d'un bout à l'autre, pleine d'abominations, et l'on n'y trouve rien qui ne mérite le feu. Toutes les syllabes en sont impies ; les gestes même y sont criminels ; et le moindre coup d'œil, le moindre branlement de tête, le moindre pas à droite, ou à gauche, y cache des mystères qu'ils trouvent moyen d'expliquer à mon désavantage.

J'ai eu beau la soumettre aux lumières de mes amis, et à la censure de tout le monde : les corrections que j'y ai pu faire, le jugement du Roi et de la Reine, qui l'ont vue, l'approbation des Grands Princes et de Messieurs les Ministres, qui l'ont honorée publiquement de leur présence, le témoignage des gens de bien qui l'ont trouvée profitable, tout cela n'a de rien servi. Ils n'en veulent point démordre ; et, tous les jours encore, ils font crier en public des zélés indiscrets, qui me disent des injures pieusement et me damnent par charité.

Don Juan V-2 ... L'hypocrisie est un vice à la mode, et tous les vices à la mode passent pour vertus. Le personnage d'homme de bien est le meilleur de tous les personnages qu'on puisse jouer aujourd'hui, et la profession d'hypocrite a de merveilleux avantages. C'est un art de qui l'imposture est toujours respectée ; et quoi qu'on la découvre, on n'ose rien dire contre elle. Tous les autres vices des hommes sont exposés à la censure, et chacun a la liberté de les attaquer hautement ; mais l'hypocrisie est un vice privilégié, qui de sa main ferme la bouche à tout le monde et jouit en repos d'une impunité souveraine. On lie, à force de grimaces, une société étroite avec tous les gens du parti. Qui en choque un, se les jette tous les bras ; et ceux que l'on sait même agir de bonne foi là-dessus, et que chacun connaît pour être véritablement touchés, ceux-là, dis-je, sont toujours les dupes des autres. Ils donnent hautement dans le panneau des grimaciers, et appuient aveuglément les singes de leurs actions. Combien crois-tu que j'en connaisse qui, par ce stratagème, ont rhabillé adroitement les désordres de leur jeunesse, qui se sont faits un bouclier du manteau de la religion, et sous cet habit respecté, ont la permission d'être les plus méchants hommes du monde ? On a beau savoir leurs intrigues et les connaître pour ce qu'ils sont, ils ne laissent pas pour cela d'être en crédit parmi les gens ; et quelques baissements de tête, un soupir mortifié, et deux roulements d'yeux rajustent dans le monde tout ce qu'ils peuvent faire.

L'hypocrite paraît et dévoile ses manœuvres.

L'HYPOCRITE - C'est sous cet abri favorable que je veux me sauver, et mettre en sûreté mes affaires. Je ne quitterai point mes douces habitudes ; mais j'aurai soin de me cacher et de me divertir à petit bruit. Que si je viens à être découvert, je verrai, sans me remuer, prendre mes intérêts à toute la cabale, et je serai défendu par elle envers et contre tous. Enfin c'est là le vrai moyen de faire impunément tout ce que je voudrai. Je m'érigerai en censeur des actions d'autrui, jugerai mal de tout le monde, et n'aurai bonne opinion que de moi. Dès qu'une fois on m'aura choqué tant soit peu, je ne pardonnerai jamais et garderai tout doucement une haine irréconciliable. Je ferai le vengeur des intérêts du ciel, et, sous ce prétexte commode, je pousserai mes ennemis, je les accuserai d'impiété, et saurai déchaîner contre eux des zélés indiscrets, qui, sans connaissance de cause, crieront en public contre eux, qui les accableront d'injures et les damneront hautement de leur autorité privée : C'est ainsi qu'il faut profiter des faiblesses des hommes, et qu'un sage esprit s'accommode aux vices de son siècle.

Le notaire du Malade Imaginaire, *sans adopter la mine sinistre que lui prêtait Gaston Baty, annonce la grande conjuration des faux-monnayeurs et s'attaque aux*

Malade I-7 ...gens de difficulté et qui sont ignorants de détours de la conscience. Il y a d'autres personnes à consulter qui sont bien plus accommodantes, qui ont des expédients pour passer doucement par-dessus la loi et rendre juste ce qui n'est pas permis, qui savent aplanir les difficultés d'une affaire et trouver des moyens d'éluder la coutume, par quelque avantage indirect. Sans cela, où en serions-nous tous les jours ? Il faut de la facilité dans les choses ; autrement nous ne ferions rien et je ne donnerais pas un sou de notre métier.

Dévots, cuistres, usuriers et gens de justice s'éloignent. Seuls les médicastres demeurent, en réserve.

Misanthrope I-1   ALCESTE - Je veux que l'on soit homme et qu'en toute rencontre
Le fond de notre cœur, dans nos discours, se montre...
Je veux qu'on soit sincère et qu'en homme d'honneur,
On ne lâche aucun mot qui ne parte du cœur.

Le meneur de jeu s'empare du mot « honneur », le confronte au courage, à la naissance, à la vertu féminine et appelle divers partenaires à sa rescousse.

DON CARLOS - Ayons du cœur dont nous soyons les maîtres, une valeur qui n'ait rien de farouche et qui se porte aux choses par une pure délibération de notre raison et non point par le mouvement d'une aveugle colère.

DON LUIS *(à son fils Don Juan)*-Ne rougissez-vous point de mériter si peu votre naissance ? Êtes-vous en droit, dites-moi, d'en tirer quelque vanité ? Et qu'avez-vous fait dans le monde pour être gentilhomme ? Croyez-vous qu'il suffise d'en porter le nom et les armes, et que ce nous soit une gloire d'être sortis d'un sang noble lorsque nous vivons en infâmes ? Non, non, la naissance n'est rien où la vertu n'est pas... Apprenez qu'un gentilhomme qui vit mal est un monstre dans la nature, que la vertu est le premier titre de noblesse, que je regarde bien moins au nom qu'on signe qu'aux actions qu'on fait, et que je ferais plus d'état du fils d'un crocheteur qui serait honnête homme, que du fils d'un monarque qui vivrait comme vous.

CLÉANTE *(à Monsieur Jourdain)* - Je trouve que toute imposture est indigne d'un honnête homme, et qu'il y a de la lâcheté à cacher ce que le ciel nous a fait naître, à se parer aux yeux du monde d'un titre dérobé, à se vouloir donner pour ce qu'on n'est pas. Je suis né de parents sans doute qui ont tenu des charges honorables. Je me suis acquis dans les armes l'honneur de six ans de services, et je me trouve assez de bien pour tenir dans le monde un rang assez passable ; mais avec tout cela je ne veux point me donner un nom où d'autres à ma place croiraient pouvoir prétendre, et je vous dirai franchement que je ne suis point gentilhomme.

MADAME JOURDAIN... Les alliances avec plus grand que soi sont sujettes toujours à de fâcheux inconvénients. Je ne veux point qu'un gendre puisse à ma fille reprocher ses parents, et qu'elle ait des enfants qui

aient honte de m'appeler leur grand-maman.
S'il fallait qu'elle me vînt visiter en équipage
de grande dame, et qu'elle manquât par
mégarde à saluer quelqu'un du quartier,
on ne manquerait pas aussitôt de dire cent
sottises. « Voyez-vous, dirait-on, cette madame
la marquise qui fait tant la glorieuse. C'est
la fille de Monsieur Jourdain, qui était trop
heureuse, étant petite, de jouer à la madame
avec nous ; elle n'a pas toujours été si relevée
que la voilà ; et ses deux grands-pères ven-
daient du drap auprès de la Porte Saint-
Innocent. Ils ont amassé du bien à leurs
enfants, qu'ils paient maintenant peut-être
bien cher en l'autre monde, et l'on ne devient
guère si riches à être honnêtes gens. » Je ne
veux point tous ces caquets et je veux un
homme, en un mot, qui m'ait obligation de
ma fille, et à qui je puisse dire : « Mettez-
vous là, mon gendre, et dînez avec moi. »

Georges Dandin, qui en sait long en matière de mésalliance,
traverse la scène en grommelant.

> Vous l'avez voulu, Georges Dandin, vous
> l'avez voulu !

Cependant Elmire, rieuse, franche et animée :

ELMIRE - Est-ce qu'au simple aveu d'un amoureux transport
Il faut que notre honneur se gendarme si fort ?
Et ne peut-on répondre à tout ce qui le touche
Que le feu dans les yeux et l'injure à la bouche ?
Pour moi, de tels propos je me ris simplement,
Et l'éclat là-dessus ne me plaît nullement.
J'aime qu'avec douceur nous nous montrions sages
Et ne suis point du tout pour ces prudes sauvages
Dont l'honneur est armé de griffes et de dents
Et veut au moindre mot dévisager les gens.
Je veux une vertu qui ne soit point diablesse.

LE MENEUR DE JEU - *Puisque nous voici parvenus au chapitre des sexes, écoutons les langages divers de l'amour. Messieurs, nous avons prétendu mettre à bas la préciosité, mais nous avons su quand il le fallait utiliser le raffinement de l'amour précieux. (Menuet de cour)*

JUPITER *(à Alcmène)* - Ah ! ce que j'ai pour vous d'amour et de tendresse
Passe aussi celle d'un époux,
Et vous ne savez pas, dans des moments si doux,
Quelle en est la délicatesse.
Vous ne concevez point qu'un cœur bien amoureux
Sur cent petits égards s'attache avec étude,
Et se fait une inquiétude
De la manière d'être heureux.
En moi, belle et charmante Alcmène,
Vous voyez un mari, vous voyez un amant ;
Mais l'amant seul me touche, à parler franchement,
Et je sens près de vous que le mari me gêne.
Cet amant, de vos vœux jaloux au dernier point,
Souhaite qu'à lui seul votre cœur s'abandonne,
Et sa passion ne veut point
De ce que le mari lui donne.

LE MENEUR DE JEU - *Des dieux aux rustres! Que dis-tu, paysan, des preuves de l'amour véritable? (Air de Musette.)*

Don Juan II-1

PIERROT *(à Charlotte)* - Non, quand ça y est, ça se voit, et l'on fait mille petites singeries aux personnes quand on les aime du bon du cœur. Regarde la grosse Thomasse, comme elle est assottée du jeune Robin : alle est toujou autour de li à l'agacer, et ne le laisse jamais en repos ; toujou al li fait queuque niche ou li baille queuque taloche en passant ; et l'autre jour qu'il était assis sur un escabiau, al fut le tirer de dessous li, et le fit choir de son long par terre. Jarni ! vlà où l'en voit les gens qui aimont ; mais toi, tu ne te grouillerais pas pour me bailler le moindre coup, ou me dire la moindre chose. Ventrequenne ! ça n'est pas biau après tout, et t'es trop froide pour les gens.

LE MENEUR DE JEU - *Pourquoi ne pas revenir au juste milieu? Exactement ce qu'il faut de convention sur un naturel exquis (Violons).*

Avare I-1

VALÈRE - Hé quoi ! charmante Élise, vous devenez mélancolique après les obligeantes assurances que vous avez eu la bonté de me donner de votre foi ? Je vous vois soupirer, hélas, au milieu de ma joie. Est-ce du regret, dites-moi, de m'avoir fait heureux ? Et vous repentez-vous de cet engagement où mes feux ont pu vous contraindre ?

ÉLISE - Non, Valère, je ne puis pas me repentir de tout ce que je fais pour vous. Je m'y sens entraîner par une trop douce puissance, et je n'ai pas même la force de souhaiter que les choses ne fussent pas. Mais, à vous dire vrai, le succès me donne de l'inquiétude, et je crains fort de vous aimer un peu plus que je ne devrais.

VALÈRE - Hé ! Que pouvez-vous craindre, Élise, dans les bontés que vous avez pour moi ?

ÉLISE - Hélas, cent choses à la fois : l'emportement d'un père, l'emportement d'une famille, les censures du monde ; mais plus que tout, Valère, le changement de votre cœur et cette froideur criminelle dont ceux de votre sexe payent le plus souvent les témoignages trop ardents d'un innocent amour.

VALÈRE - Ah ! ne me faites pas ce tort de juger de moi par les autres. Soupçonnez-moi de tout, Élise, plutôt de manquer à ce que je vous dois. Je vous aime trop pour cela et mon amour pour vous durera autant que ma vie.

ÉLISE - Ah Valère! Chacun tient les mêmes discours. Tous les hommes sont semblables par les paroles et ce n'est que les actions qui les découvrent différents.

VALÈRE - Puisque les seules actions font connaître ce que nous sommes, attendez donc au moins à juger de mon cœur par elles, et ne me cherchez point de crimes dans les injustes craintes d'une fâcheuse prévoyance. Ne m'assassinez point, je vous prie, par les sensibles coups d'un soupçon outrageux, et donnez-moi le temps de vous convaincre par mille preuves de l'honnêteté de mes feux.

ÉLISE - Hélas, qu'avec facilité on se laisse

persuader par les personnes que l'on aime !
Oui, Valère, je tiens votre cœur incapable de
m'abuser. Je crois que vous m'aimez d'un
véritable amour et que vous me serez fidèle ;
je n'en veux point douter.

LE MENEUR DE JEU - *Vous avez senti comme dans ce touchant
duo la coquetterie et la franchise, le désir et l'amour jouent à
cache-cache ? Corps et âme, esprit et chair, l'amour vrai ne
dissocie pas ces deux réalités.*

*Femmes Savantes
IV-2*

CLÉANTE - Pour moi, par un malheur, je
m'aperçois, Madame,
Que j'ai, ne vous déplaise, un corps tout
comme une âme ;
Je sens qu'il y tient trop pour le laisser à part ;
De ces détachements je ne connais point l'art ;
Le ciel m'a dénié cette philosophie,
Et mon âme et mon corps marchent de com-
pagnie.
Il n'est rien de plus beau, comme vous avez dit,
Que ces vœux épurés qui ne vont qu'à l'esprit,
Ces réunions de cœurs, et ces tendres pensées
Du commerce des sens si bien débarrassées ;
Mais ces amours pour moi sont trop subtilisées :
Je suis un peu grossier, comme vous m'accu-
sez ;
J'aime avec tout moi-même, et l'amour qu'on
me donne
En veut, je le confesse, à toute la personne.

LE MENEUR DE JEU - *Elles sont si sages, ces jeunesses ! Entre
le dégoût des précieuses, et le calcul des intrigantes, elles savent
imposer leur prudence avisée, en matière de mariage comme
ailleurs.*

Malade II-6

ANGÉLIQUE - Chacun a son but en se mariant.
Pour moi, qui ne veux un mari que pour
l'aimer véritablement, et qui prétends en
faire tout l'attachement de ma vie, je vous
avoue que j'y cherche quelque précaution.
Il y en a d'autres qui prennent des maris
seulement pour se tirer de la contrainte de
leurs parents et se mettre en état de faire
tout ce qu'elles voudront. Il y en a d'autres,

Madame, qui font du mariage un commerce de pur intérêt ; qui ne se marient que pour gagner des douaires, que pour s'enrichir par la mort de ceux qu'elles épousent, et courent sans scrupule de mari en mari pour s'approprier leurs dépouilles. Ces personnes-là, à la vérité, n'y cherchent pas de tant de façons et regardent peu la personne.

Femmes Savantes
V-4

HENRIETTE - Rien n'use tant l'ardeur de ce nœud qui nous lie
Que les fâcheux besoins des choses de la vie,
Et l'on en vient souvent à s'accuser tous deux
De tous les noirs chagrins qui suivent de tels feux.

Bourgeois III-15

DORIMÈNE - Mon Dieu, il faut des deux parts des qualités pour vivre heureusement ensemble, et les deux plus raisonnables personnes du monde ont souvent peine à composer une union dont ils soient satisfaits.

LE MENEUR DE JEU - *Pourtant si Nature et Raison sont destinées à faire bon ménage, Amour ne participe guère à leur accord.*

Misanthrope IV-3

ALCESTE - Je sais que sur les vœux on n'a point de puissance,
Que l'amour veut partout naître sans dépendance,
Que jamais par la force on n'entra dans un cœur.

Fourberies III-1

SCAPIN - La tranquillité en amour est un calme désagréable. Un bonheur tout uni nous devient ennuyeux, il faut du haut et du bas dans la vie, et les difficultés qui se mêlent aux choses réveillent les ardeurs, augmentent les plaisirs.

Molière se sent visé par le meneur de jeu. Il a aussi remarqué le regard en coin du critique. On voit alors entrer Armande Béjart, portant l'un des nombreux déguisements sous lesquels elle a affronté son époux en scène. Molière la regarde interdit et assiste au dialogue suivant qui évoque assez bien la « fameuse comédienne ».

COVIELLE - Elle, monsieur ? Voilà bien une belle mijaurée, une pimpesouée bien bâtie, pour vous donner tant d'amour ! Je ne lui vois rien que de très médiocre, et vous trouverez cent personnes qui seront plus dignes de vous. Premièrement elle a les yeux petits.

CLÉONTE - Cela est vrai, elle a les yeux petits, mais elle les a pleins de feu, les plus brillants, les plus perçants du monde, les plus touchants qu'on puisse voir.

COVIELLE - Elle a la bouche grande.

CLÉONTE - Oui, mais on y voit des grâces qu'on ne voit pas aux autres bouches ; et cette bouche, en la voyant, inspire des désirs, est la plus attrayante, la plus amoureuse du monde.

COVIELLE - Pour sa taille, elle n'est pas grande.

CLÉONTE - Non, mais elle est aisée et bien prise.

COVIELLE - Elle affecte une nonchalance dans son parler et dans ses actions.

CLÉONTE - Il est vrai ; mais elle a grâce à tout cela, et ses manières sont engageantes, ont je ne sais quel charme à s'insinuer dans les cœurs.

COVIELLE - Pour de l'esprit...

CLÉONTE - Ah ! elle en a, Covielle, du plus fin, du plus délicat.

COVIELLE - Sa conversation...

CLÉONTE - Sa conversation est charmante.

COVIELLE - Elle est toujours sérieuse.

CLÉONTE - Veux-tu de ces enjouements épanouis, de ces joies toujours ouvertes ? Et vois-tu rien de plus impertinent que des femmes qui rient à tout propos ?

COVIELLE - Mais enfin elle est capricieuse autant que personne au monde.

CLÉONTE - Oui, elle est capricieuse, j'en demeure d'accord, mais tout sied bien aux belles, on souffre tout des belles.

« A vous la parole ! », dit le critique à Molière qui prend le visage et le ton exemplaires que lui prête Grimarest, pour présenter les choses sous u   jour édifiant :

Grimarest, *Vie de Monsieur Molière*

Je suis le plus malheureux de tous les hommes et je n'ai que ce que je mérite. Je n'ai pas pensé que j'étais trop austère pour une société domestique. J'ai cru que ma femme devait assujettir ses manières à sa vertu et à mes intentions ; et je sens bien que dans la situation où elle est, elle eût encore été plus malheureuse que je ne le suis si elle l'avait fait. Elle a de l'enjouement, de l'esprit, elle est sensible au plaisir de le faire valoir ; tout cela m'ombrage malgré moi. J'y trouve à redire, je m'en plains. Cette femme, cent fois plus raisonnable que je ne le suis, veut jouir agréablement de la vie ; elle va son chemin ; et assurée par son innocence, elle dédaigne de s'assujettir aux précautions que je lui demande. Je prends cette négligence pour du mépris ; je voudrais des marques d'amitié pour croire que l'on en a pour moi, et que l'on eût plus de justesse dans sa conduite pour que j'eusse l'esprit tranquille. Mais ma femme, toujours égale et libre dans la sienne, qui serait exempte de tout soupçon pour tout autre homme moins inquiet que je ne le suis, me laisse impitoyablement dans mes peines ; et occupée seulement du désir de plaire en général, comme toutes les femmes, sans avoir de dessein particulier, elle rit de ma faiblesse.

Sentant qu'il n'a pas convaincu son interlocuteur, Molière change d'attitude et emprunte au pamphlet de la Fameuse Comédienne *une explication plus vraisemblable.*

Pamphlet de la Fameuse comédienne

Je suis né avec les dernières dispositions à la tendresse, et comme tous mes efforts n'ont pu vaincre le penchant que j'avais à l'amour, j'ai cherché à me rendre heureux, c'est-à-dire autant qu'on peut l'être avec un cœur sensible... J'ai pris ma femme pour ainsi dire dès le berceau, je l'ai élevée avec des soins qui ont fait naître des bruits dont vous avez sans doute entendu parler. Comme elle était encore fort jeune quand je l'épousai, je ne m'aperçus pas de ses méchantes inclinations, et je me crus un peu moins malheureux que la plupart de ceux qui prennent de pareils engagements. Aussi le mariage ne ralentit point mes empressements ; mais je lui trouvai tant d'indifférence que je commençai à m'apercevoir que toute ma précaution pour moi avait été inutile, et que ce qu'elle sentait était bien éloigné de ce que j'aurais souhaité pour être heureux.

Je me fis à moi-même des reproches sur une délicatesse qui me semblait ridicule dans un mari, et j'attribuai à son honneur ce qui était un effet de son peu de tendresse pour moi. Mais je n'eus que trop de moyens de m'apercevoir de mon erreur et la folle passion qu'elle eut peu de temps après pour le comte de Guiche fit trop de bruit pour me laisser dans une tranquillité parfaite.

Je n'épargnai rien, à la première connaissance que j'en eus, pour me vaincre moi-même, dans l'impossibilité que je trouvai à la changer : je me servis pour cela de toutes les forces de mon esprit. J'appelai à mon secours tout ce qui pouvait contribuer à ma consolation. Je la considérai comme une personne de qui tout le mérite était dans l'innocence, et qui pour cette raison n'en conservait plus depuis son infidélité. Je pris dès lors la résolution de vivre avec elle comme un honnête homme qui a une femme coquette et qui est bien persuadé, quoi qu'on en puisse dire, que sa réputation ne dépend pas de la méchante conduite de son épouse. Mais j'eus le chagrin de voir qu'une personne sans grande beauté, qui doit le peu d'esprit qu'on lui trouve à l'éducation que je lui ai donnée, détruisait en un moment toute ma philosophie. Sa présence me fit oublier toutes mes résolutions, et les premières paroles qu'elle me dit pour défense me laissèrent si convaincu que mes soupçons étaient mal fondés, que je lui demandai pardon d'avoir été si crédule.

Cependant mes bontés ne l'ont point chargée. Je me suis donc déterminé à vivre avec elle comme si elle n'était pas ma femme ; mais si vous saviez ce que je souffre, vous auriez pitié de moi. Ma passion est venue à un tel point qu'elle va jusqu'à entrer avec compassion dans ses intérêts ; et quand je considère combien il m'est impossible de vaincre ce que je sens pour elle, je me dis en même temps qu'elle a peut-être une même difficulté à détruire le penchant qu'elle a d'être coquette, et je me trouve plus dans la position de la plaindre que de la blâmer.

Vous me direz sans doute qu'il faut être fou pour aimer de cette manière ; mais pour moi, je crois qu'il n'y a qu'une sorte d'amour, et que les gens qui n'ont point senti de semblable délicatesse n'ont jamais aimé véritablement. Toutes les choses du monde ont du rapport avec elle dans mon cœur : mon idée en est si fort occupée que je ne sais rien, en son absence, qui m'en puisse divertir. Quand je la vois, une émotion et des transports qu'on peut sentir, mais qu'on ne saurait exprimer, m'ôtent l'usage de la réflexion ; je n'ai plus d'yeux pour ses défauts, il m'en reste seulement pour ce qu'elle a d'aimable.

Malgré le ton de cette confidence, le critique voudrait bien que Molière ne laisse pas les autres, bien ou mal intentionnés, parler à sa place. Le comédien fait un geste d'impuissance et désigne Alceste, en proie peut-être au même tourment que lui.

Misanthrope IV-3   ALCESTE - Ciel ! Rien de plus cruel peut-il être inventé ?
Et jamais cœur fut-il de la sorte traité ?
Quoi ? D'un juste courroux je suis ému contre elle,
C'est moi qui me viens plaindre, et c'est moi qu'on querelle !
On pousse ma douleur et mes soupçons à bout,
On me laisse tout croire, on fait gloire de tout ;
Et cependant mon cœur est encore assez lâche

Pour ne pouvoir briser la chaîne qui l'attache
Et pour ne pas s'armer d'un généreux mépris
Contre l'ingrat objet dont il est trop épris ;
Ah ! Que vous savez bien ici contre moi-
    même,
Perfide, vous servir de ma faiblesse extrême,
Et ménager pour vous l'excès prodigieux
De ce fatal amour né de vos traîtres yeux !
Défendez-vous au moins d'un crime qui
    m'accable,
Et cessez d'affecter d'être envers moi cou-
    pable ;
Rendez-moi, s'il se peut, ce billet innocent :
A vous prêter les mains ma jeunesse consent,
Efforcez-vous ici de paraître fidèle,
Et je m'efforcerai, moi, de vous croire telle.

LE MENEUR DE JEU - *Comme cette situation est incommode !
Sommes-nous encore au théâtre, ou déjà dans la vie ? Je veux
bien du Jaloux, mais qu'il entre résolument dans la comédie
et qu'il s'y tienne ! (Entre Gros-René, hilare)*

Dépit amoureux
I-2

Moi, j'en fuis la pensée avec un soin extrême !
Je veux croire les gens quand on me dit :
    «Je t'aime»
Et ne vais point chercher pour m'estimer
    heureux,
Si Mascarille ou non s'arrache les cheveux.
Que tantôt Marinette endure qu'à son aise
Jodelet par plaisir la caresse ou la baise,
Et que ce beau rival en rie ainsi qu'un fou,
A son exemple aussi je rirai tout mon saoul,
Et l'on verra qui rit avec meilleure grâce...
Moi jaloux ? Dieu m'en garde et d'être assez
    badin
Pour m'aller emmaigrir avec un tel chagrin ;
Outre que de ton cœur ta foi me cautionne,
L'opinion que j'ai de moi-même est trop
    bonne
Pour croire auprès de moi que quelque autre
    te plût.
    (Entre Arnolphe, dérisoire)

École des Femmes
IV-1

Plus en la regardant je la voyais tranquille,
Plus je sentais en moi s'échauffer une bile ;

178

Et ces bouillants transports dont s'enflammait
  mon cœur
Y semblaient redoubler mon amoureuse
  ardeur.
J'étais aigri, fâché, désespéré contre elle,
Et cependant jamais je ne la vis si belle ;
Jamais ses yeux aux miens n'ont paru si
  perçants,
Jamais je n'eus pour eux des désirs si pres-
  sants,
Et je sens là-dedans qu'il faudra que je crève
Si de mon triste sort la disgrâce s'achève
  (Alceste revient)

Misanthrope IV-3   Mais d'un aveu trompeur voir ma flamme
  applaudie,
C'est une trahison, c'est une perfidie
Qui ne saurait trouver de trop grands châti-
  ments,
Et je puis tout permettre à mes ressentiments.
Oui, oui, redoutez tout après un tel outrage ;
Je ne suis plus à moi, je suis tout à la rage :
Percé du coup mortel dont vous m'assassinez,
Mes sens par la raison ne sont plus gouvernés,
Je cède aux mouvements d'une juste colère,
Et je ne réponds pas de ce que je puis faire.

LE MENEUR DE JEU : *Encore celui-là ! Ne le fera-t-on pas
taire, fâcheux entre les fâcheux, empêcheur de tourner en
rond ? Que veut-on lui faire dire ? Que veut-on savoir au
juste ? Ne voyez vous pas le merveilleux amalgame que forment
l'auteur, l'interprète et le personnage, et que jamais vous ne
parviendrez à percer l'ambiguité du jeu comique. Allons,
Messieurs !*

Amphitryon
  III-10   Tout cela va le mieux du monde ;
Mais enfin coupons aux discours,
Et que chacun chez soi doucement se retire.
Sur telles affaires toujours
Le meilleur est de ne rien dire.

LE MENEUR DE JEU - *Vous direz que je suis bien impertinent
avec mon créateur et maître, (il salue Molière), que je manque
au respect dû à la haute autorité de l'histoire littéraire (il
salue le critique) et à la saine curiosité du public (il salue*

la salle). Mais quoi ? Le théâtre n'est-il pas le lieu de toutes les impertinences, et celui-ci plus qu'un autre ? Voyez les fils, comme ils se conduisent avec leurs pères.

Don Juan IV-5
DON JUAN - Eh ! mourez le plus tôt que vous pourrez, c'est le mieux que vous puissiez faire. Il faut que chacun ait son tour, et j'enrage de voir des pères qui vivent autant que leur fils.

Avare IV-5
(Entrent Harpagon et Cléante se querellant)

HARPAGON - Quoi, pendard ?

CLÉANTE - Rien ne peut me changer.

HARPAGON - Laisse-moi faire, traître.

CLÉANTE - Faites tout ce qu'il vous plaira.

HARPAGON - Je te défends de me jamais voir.

CLÉANTE - A la bonne heure.

HARPAGON - Je t'abandonne

CLÉANTE - Abandonnez.

HARPAGON - Je te renonce pour mon fils.

CLÉANTE - Soit.

HARPAGON - Je te déshérite.

CLÉANTE - Tout ce que vous voudrez.

HARPAGON - Et je te donne ma malédiction.

CLÉANTE - Je n'ai que faire de vos dons.

Voyez aussi les grands de ce monde et leurs domestiques.

Amphitryon   I-1
SOSIE - Notre sort est beaucoup plus rude
Chez les grands que chez les petits.
Ils veulent que pour eux tout soit dans la nature
Obligé de s'immoler.
Jour et nuit, grêle, vent, péril, chaleur, froidure,
Dès qu'ils parlent il faut voler.
Vingt ans d'assidu service
N'en obtiennent rien pour nous ;
Le moindre petit caprice
Nous attire leur courroux.
Cependant notre âme insensée
S'acharne au vain honneur de demeurer près d'eux
Et s'y veut contenter de la fausse pensée
Qu'ont tous les autres gens que nous sommes heureux.

Vers la retraite en vain la raison nous appelle ;
En vain notre dépit quelquefois y consent :
Leur vue a sur notre zèle
Un ascendant trop puissant
Et la moindre faveur d'un coup d'œil caressant
Nous rengage de plus belle.

Et les plus grands de tous, les dieux, les hommes-dieux, les
rois-soleils.

Amphitryon
Prologue

MERCURE - Tout beau, charmante nuit ;
daignez vous arrêter
Il est certain secours que de vous l'on désire ;
Et j'ai deux mots à vous dire
De la part de Jupiter.
LA NUIT - Ah ! ah ! c'est vous, Seigneur
Mercure !
Qui vous eût deviné là, dans cette posture ?
MERCURE - Ma foi, me trouvant las pour ne
pouvoir fournir
Aux différents emplois où Jupiter m'engage,
Je me suis doucement assis sur ce nuage
Pour vous attendre venir.
LA NUIT - Vous vous moquez, Mercure,
et vous n'y songez pas.
Sied-il bien à des Dieux de dire qu'ils sont las ?
MERCURE - Les dieux sont-ils de fer ?
LA NUIT - Non ; mais il faut sans cesse
Garder le décorum de la divinité.
Il est de certains mots dont l'usage rabaisse
Cette sublime qualité,
Et que pour leur indignité
Il est bon qu'aux hommes on laisse.

LE MENEUR DE JEU - *Et la dernière à qui s'adresse-t-elle ?*
A celui-ci (Don Juan), à celui-là ? (Molière).

Don Juan I-2

SGANARELLE - Monsieur est-il possible que
vous ne croyiez pas du tout au ciel ?
DON JUAN - Va, Va, c'est une affaire entre
le ciel et moi, et nous la démêlerons bien
ensemble sans que tu t'en mêles.

LE MENEUR DE JEU - *Eh ! bien, mêlons-nous d'autre chose ;*
Ne pouvons-nous traquer parmi les maximes contradictoires,

les conduites incohérentes, les antithèses savantes et les calem-
bours pervers, le mobile secret qui pousse les humains ? Sagesse
et folie, bêtise et ruse, masque et franchise, voyez le bel habit
d'Arlequin ! « Que cherchent-ils au ciel tous ces aveugles ? »

   Celui-ci d'abord le dit :

Amphitryon I-2   SOSIE - La faiblesse humaine est d'avoir
                             Des curiosités d'apprendre
                             Ce qu'on ne voudrait pas savoir

   Mais l'autre contredit :

Médecin malgré   VALÈRE - Chacun a ses soins dans le monde.
lui I-4   Et nous cherchons ce que nous voudrions
                bien trouver.

   L'un soupçonne un rival, l'autre cherche un médecin. Mais
qu'importe, si appréhension et requête se rejoignent pour se
confondre ! Toutes choses se compensent : au plaisir du trompeur
répond le tourment du trompé. N'est-ce pas, Toinette ?

Malade I-2   TOINETTE - Si vous avez le plaisir de
               quereller, il faut bien que de mon côté j'aie
               le plaisir de pleurer, chacun le sien n'est pas
               de trop.

Tout est relatif, maître ou valet, père ou fils, homme ou femme,

Amphitryon Prologue « Et suivant ce qu'on peut être
Les choses changent de nom

Qui sommes-nous donc? qui es-tu? - Prudence! bonhomme, avant de répondre! Sais-tu ce que l'autre veut que tu sois?

Médecin malgré lui I-5 VALÈRE - Je vous demande si ce n'est pas vous qui se nomme Sganarelle.
SGANARELLE - Oui et non, selon ce que vous lui voulez.

Oui et non - Oui ou non? Le faux-fuyant se tient dans l'entre-deux.

Médecin III-6 SGANARELLE - « Les uns disent que Oui, les autres disent que Non, et moi je dis que Oui et Non.

Mais le mauvais coucheur survient qui appelle les choses par leur nom, ne prend pas les vessies pour des lanternes, et rien pour quelque chose.

Amphitryon II-3 SOSIE : J'appelle sur rien
Ce qui sur rien s'appelle en vers ainsi qu'en prose
Et rien, comme tu le sais bien,
Veut dire rien ou peu de chose

Donc, que se taise et se cache le minable toujours prêt à trouver des prétextes à son inaction.

Précieuses 11 LE FAUX POÈTE : Je fais toujours le premier vers, mais j'ai peine à faire les autres !

Et que les agiles, les illustres ne s'embarrassent pas de considérations trop profondes et se lancent hardiment dans l'action.

Fourberies III-1 SCAPIN - Je hais ces cœurs pusillanimes, qui pour trop prévoir les suites des choses, n'osent rien entreprendre.

Hamlet dit la même chose avec plus de solennité ! Arrière le faux-monnayeur, le bluffeur capable de tout prouver, de remettre en question les choses les plus simples et jusqu'à l'emplacement de nos viscères.

Médecin II-4 TOINETTE *(en médecin)* Cela était autrefois ainsi mais nous avons changé tout cela ».

Et voilà le fagotier devenu raisonneur de profession !

Médecin I-2   SGANARELLE - Oui, habile homme ! Trouve-moi un faiseur de fagots qui sache comme moi raisonner des choses !

Retourne à tes fagots, bonhomme. Comme cet autre en habit de dentelle qui se vante de

Misanthrope III-1   juger sans étude et raisonner de tout.

Malgré le prestige de l'uniforme, de la naissance et malgré la puissance dangereuse du langage, vous ne pouvez donner le change qu'aux imbéciles.

Don Juan I-2   « Car vous tournez les choses d'une manière qu'il semble que vous ayez raison, et cependant il est vrai que vous ne l'avez pas. »

Pour moi, parmi ces aveugles et ces obsédés, devant les détours de l'existence et la malice des dieux, je me suis donné cette ligne de conduite de rester toujours présent à moi-même et de ne jamais perdre de vue mon étroit domaine.

Fourberies II-5   « Pour peu qu'un père de famille ait été absent de chez lui, il doit promener son esprit sur tous les fâcheux accidents que son retour peut rencontrer ; se figurer sa maison brûlée, son argent dérobé, sa femme morte, son fils estropié, sa fille subornée et ce qu'il trouve qui ne lui est point arrivé, l'imputer à la bonne fortune. Pour moi, j'ai pratiqué toujours cette leçon dans ma petite philosophie ; et je ne suis jamais revenu au logis, que je ne me sois tenu prêt à la colère de mes maîtres, aux réprimandes, aux injures, aux coups de pied au cul, aux bâtonnades, aux étrivières, et ce qui a manqué à m'arriver, j'en ai rendu grâce à mon bon destin.

LE MENEUR DE JEU - *Cette prudence vous paraît mesquine ! Que faites-vous donc du jeu merveilleux de mes fourberies qu'elle conditionne ? Vous préférez l'intransigeance de notre atrabilaire amoureux ? Vous voulez qu'il ait le dernier mot ? Eh bien ! écoutez-le aux prises avec son raisonneur de compère. Et choisissez, si vous l'osez, entre les deux.*

Misanthrope V-1   ALCESTE - Mais enfin, vos soins sont super-flus :

Que pouvez-vous, Monsieur, me dire là-
dessus ?
Aurez-vous bien le front de me vouloir en face
Excuser les horreurs de tout ce qui se passe ?
    PHILINTE - Non, je tombe d'accord de tout
    ce qu'il vous plaît :
Tout marche par cabale et par pur intérêt ;
Ce n'est plus que la ruse aujourd'hui qui
    l'emporte,
Et les hommes devraient être faits d'autre
    sorte.
Mais est-ce une raison que leur peu d'équité
Pour pouvoir se tirer de leur société ?
Tous ces défauts humains nous donnent dans
    la vie
Des moyens d'exercer notre philosophie :
C'est le plus bel emploi que trouve la vertu ;
Et si de probité tout était revêtu,
Si tous les cœurs étaient francs, justes et
    dociles
La plupart des vertus nous seraient inutiles,
Puis qu'on en met l'usage à pouvoir sans ennui
Supporter, dans nos droits, l'injustice d'autrui;
Et de même qu'un cœur d'une vertu pro-
fonde...
    ALCESTE - Je sais que vous parlez, Monsieur,
    le mieux du monde ;
En beaux raisonnements vous abondez tou-
    jours ;
Mais vous perdez le temps et tous vos beaux
    discours.
La raison, pour mon bien, veut que je me
    retire :
Je n'ai point sur ma langue un assez grand
    empire ;
De ce que je dirais je ne répondrais pas,
Et je me jetterais cent choses sur les bras.
   . . .
Trahi de toutes parts, accablé d'injustices,
Je vais sortir d'un gouffre où triomphent les
    vices,
Misanthrope V-4   Et chercher sur la terre un endroit écarté
Ou d'être homme d'honneur on ait la liberté.

Don Juan III-5

SGANARELLE - Ah ! Que cela est beau !
Les belles statues ! Le beau marbre ! Les
beaux piliers ! Ah ! Que cela est beau !
Qu'en dites-vous Monsieur ?

DON JUAN - Qu'on ne peut voir aller plus
loin l'ambition d'un homme mort ; et ce que
je trouve admirable, c'est qu'un homme qui
s'est passé, durant sa vie, d'une assez simple
demeure, en veuille avoir une si magnifique
pour quand il n'en a plus que faire.

LE MENEUR DE JEU - *Sur cette toute shakespearienne confidence, le débat est clos. Et voici le dernier gag :*

Vite qu'on m'aille quérir des médecins,
et en quantité. On n'en peut trop avoir dans
une pareille aventure !

La sarabande des médecins commence par une fatrasie burlesque pour se faire de plus en plus claire, et pour tout dire, plus inquiétante. Voici ce qu'on entend à peu près.

Pourceaugnac II-4

— Deux gros joufflus, grands chapeaux.
— Bon di, Bon da- Six pantalons, taratata -
A-le-gramente - Monsu Pourceaugnac - Apo-
thicaire - Lavement - Prenez, Monsieur, prenez,
prenez — Il est bénin, bénin,

I-8

— Allons, procédons à la curation, et par la
douceur exhilarante de l'harmonie, adou-
cissons, lénifions, et accroissons l'aigreur de
ses esprits.

II-2

— Il me faut un malade et je prendrai
qui je pourrai.
— Il faut qu'il crève ou que je le guérisse.

I-8

— Il est impossible qu'il ne soit pas fou,
et mélancolique, hypocondriaque, et quand
il ne le serait point, il faudrait qu'il le devînt,
pour la beauté des choses que vous avez dites
et la justesse du raisonnement que vous avez
fait.

Amour médecin III-1

— Le plus grand faible des hommes, c'est
l'amour qu'ils ont pour la vie.

— Ici on peut gâter un homme sans qu'il en coûte rien.

— Un homme mort n'est qu'un homme mort et ne fait point de conséquence. Mais une formalité négligée porte un notable préjudice à tout le corps des médecins.

Tandis que l'écho répète la sentence de proche en proche pour tous les corps constitués de l'ordre établi, les médecins entourent Molière qui vient de prendre la figure d'Argan. Il est assis dans le fameux fauteuil mais il n'est pas encore entré sous vitrine.

ARGAN - Mais raisonnons un peu, mon frère. Vous ne croyez donc point à la médecine ?

BÉRALDE - Non, frère, et je ne vois pas que pour son salut il soit nécessaire d'y croire.

ARGAN - Quoi ? Vous ne tenez pas véritable une chose établie par tout le monde, et que tous les siècles ont révérée.

BÉRALDE - Bien loin de la tenir véritable, je la trouve, entre nous, une des plus grandes folies qui soit parmi les hommes, et, à regarder les choses en philosophe, je ne vois point de plus plaisante mômerie ; je ne vois rien de plus ridicule qu'un homme qui se veut mêler d'en guérir un autre.

... La nature d'elle-même quand nous la laissons faire se tire doucement du désordre où elle est tombée. C'est notre inquiétude, c'est notre impatience qui gâte tout, et presque tous les hommes meurent de leurs remèdes, et non pas de leurs maladies.

ARGAN - C'est un bon impertinent que Molière avec ses comédies, et je le trouve bien plaisant d'aller jouer d'honnêtes gens comme les médecins... Par la mort non-de-diable ! Si j'étais que des médecins, je me vengerais de son impertinence, et quand il sera malade, je le laisserais mourir sans secours. Il aurait beau faire et beau dire, je lui ordonnerais pas la moindre petite saignée, le moindre petit lavement, et je lui dirais « crève, crève, cela t'apprendra une autre fois à te jouer de la faculté. »

BÉRALDE - Il sera encore plus sage que nos médecins, car il ne leur demandera point de secours.

ARGAN - Tant pis pour lui, s'il n'a point recours aux remèdes.

BÉRALDE - Il a ses raisons pour n'en point vouloir, et il soutient que cela n'est permis qu'aux gens vigoureux et robustes et qui ont des forces de reste pour porter les remèdes avec la maladie ; mais, que, pour lui, il n'a justement de la force que pour porter son mal.

Un jeu terrible commence. Toute la distribution est en scène. Le critique est peu à peu refoulé du plateau et précipité par la trappe aux archives. L'allégorie du théâtre monte au fronton.

LE MENEUR DE JEU - *(indiquant à Molière son dernier jeu de scène)*

Malade III-11 Mettez-vous tout étendu sur cette chaise et contrefaites le mort.

MOLIÈRE - N'y a-t-il pas quelque danger à contrefaire la mort ?

LE MENEUR - Non, non, quel danger y aurait-il ?

Don Juan III-5 MOLIÈRE - Oh ! Ciel, puisqu'il s'agit de mort, fais-moi la grâce de n'être point pris pour un autre !

Chaque acteur retire son masque, quitte son costume. Fin de tous les prestiges.

Précieuses 15 MASCARILLE ET JODELET - Vite, qu'on les dépouille sur le champ !
— Adieu notre braverie !
— Voilà le Marquisat et la vicomté à bas.

Amphitryon III-7 MERCURE - Et l'on me désosie enfin
id.   III-9 Comme on vous désamphitryonne.
— Je lui donne à présent congé d'être Sosie,
— Je suis las de porter un costume si laid
Et je m'en vais au ciel avec de l'ambroisie
M'en débarbouiller tout à fait.
Ne songeons qu'à nous réjouir,
La grande affaire est le plaisir.

Le meneur de jeu jette un coup d'œil dans la salle et dit à Molière :

Médecin III-9 — Faut-il que tu laisses mourir en présence de tant de gens ?

Molière regarde le public et l'apostrophe :

Escarbagnas 8 — Voilà ma scène faite, voilà mon rôle joué. Serviteur à la compagnie !

La Comédie apparaît et clame :

Amour médecin III-8
Veut-on qu'on rabatte
Par des moyens doux
Les vapeurs de la rate
Qui vous minent tous ?
Qu'on laisse Hypocrate
Et qu'on vienne avec nous.

Les masques entraînent Molière, pendant que le meneur de jeu le poursuit d'un grand éclat de rire :

Amour médecin III-6 Ma foi, Monsieur, la bécasse est bridée, et vous avez cru faire un jeu qui demeure une vérité.

Et redevenu Scapin, il ajoute en bondissant à la suite du cortège :

Fourberies III scène dernière Et moi, qu'on me porte au bout de la table, en attendant que je meure !

Rideau.

Bibliographie

Principales éditions des œuvres de Molière

Les Œuvres de Molière, Paris, 1663 et 1664, chez Charles de Sercy (ou Guillaume de Luynes), 2 vol. in-12. Recueil des comédies publiées jusqu'à l'*École des femmes* incluse.

Les Œuvres de Monsieur Molière, Paris, 1666, chez Gabriel Quinet (ou autres libraires), 2 vol. in-12. Frontispices de François Chauveau. Recueil des comédies jusqu'à la *Princesse d'Elide* comprise.

Les Œuvres de Monsieur Molière, Paris, 1673, chez Claude Bardin, 7 vol. in-12. Avec frontispices de François Chauveau comprenant toutes les pièces publiées jusqu'aux *Femmes Savantes* incluses.

Les Œuvres de Monsieur Molière, Privilège du 15 février 1680, achevé d'imprimer du 10 juin 1682, 6 vol. in-12.

Les Œuvres posthumes de Monsieur de Molière, Privilège du 20 août 1682, achevé d'imprimer du 31 octobre 1682, 2 vol. in-12. Paris chez Denys Thierry, Claude Bardin et Pierre Trabouillet.

Première édition complète des œuvres de Molière, due aux soins de Lagrange et Vivot, avec une préface biographique, des stances de Boileau et des épitaphes. Enrichie de figures en tailles douces gravées par Sauvé d'après Pierre Brissart. Ces figures sont reprises et adaptées au goût du temps dans les éditions de 1697-1710-1718.

Œuvres de Molière, nouvelle édition. Paris, 1734, 6 vol. in-4. Imprimée par Paul Parault pour la Compagnie des Libraires. Portrait d'après Coypel. Suite de 32 estampes gravées par Louis Cars d'après Boucher. 198 vignettes gravées par Joullain d'après Boucher, Oppenor et Blondel. Cette édition comporte des *Mémoires sur la vie et les ouvrages de Molière* par la Serre qui ont été préférés à la vie et aux notices préparées par Voltaire.

Œuvres de Molière, Paris, 1773, Compagnie des Libraires Associés, 6 vol. in-8. Précédées d'un *Discours préliminaire*, de la *Vie* de Molière par Voltaire, et d'un supplément à cette *Vie*. Portrait de Molière gravé d'après Mignard. Vignettes et 32 estampes gravées d'après Moreau le jeune.

Œuvres complètes de Molière, Paris, 1863-1864, Garnier, 7 vol. in-8. Ill. de C. Staal. Éd. préparée et commentée par L. Moland.

Œuvres complètes de Molière, Paris, 1873-1900, Les Grands Écrivains de France (Hachette), 13 vol. in-8 et un album. Édition préparée par Despois et Ménard.

Œuvres de Molière, Paris, 1926-1929. Cité des Livres, 10 vol. in-8. Notes de Jacques Copeau.

Œuvres de Molière, Texte établi et annoté par Maurice Rat. Paris, 1933, Gallimard, (Bibliothèque de la Pléiade), 2 vol. in-16.

Œuvres complètes de Molière, Club du Meilleur Livre, 3 vol. préfacés et annotés par René Bray. (Édition importante, reprise après la mort de René Bray par Jacques Scherer, *épuisée*).

Œuvres complètes de Molière, Paris, 1962, Éditions du Seuil (Collection « l'Intégrale »), 1 vol., préface de Pierre-Aimé Touchard.